一带一路

"一带一路"沿线国家知识产权工作指引丛书

俄罗斯知识产权工作指引

北京市知识产权局 ● 组织编写

知识产权出版社
全国百佳图书出版单位
—北京—

图书在版编目（CIP）数据

俄罗斯知识产权工作指引/北京市知识产权局组织编写；杨东起主编. —北京：知识产权出版社，2021.11

ISBN 978-7-5130-7785-9

Ⅰ.①俄… Ⅱ.①北… ②杨… Ⅲ.①知识产权制度—研究—俄罗斯 Ⅳ.①D951.234

中国版本图书馆 CIP 数据核字（2021）第 208745 号

责任编辑：石红华　　　　　　　　　责任校对：潘凤越
封面设计：韩建文　　　　　　　　　责任印制：孙婷婷

俄罗斯知识产权工作指引

北京市知识产权局　组织编写

出版发行：	知识产权出版社有限责任公司	网　　址：	http：//www.ipph.cn
社　　址：	北京市海淀区气象路 50 号院	邮　　编：	100081
责编电话：	010-82000860 转 8130	责编邮箱：	shihonghua@ sina.com
发行电话：	010-82000860 转 8101/8102	发行传真：	010-82000893/82005070/82000270
印　　刷：	三河市国英印务有限公司	经　　销：	各大网上书店、新华书店及相关专业书店
开　　本：	787mm×1092mm　1/16	印　　张：	11
版　　次：	2021 年 11 月第 1 版	印　　次：	2021 年 11 月第 1 次印刷
字　　数：	168 千字	定　　价：	58.00 元
ISBN 978-7-5130-7785-9			

出版权专有　侵权必究

如有印装质量问题，本社负责调换。

编委会

主　　　编：杨东起
副　主　编：潘新胜
执行副主编：李琼芳　于　飞
撰　　　稿：高东辉　向长松　何浩云　谢　楠
　　　　　　崔巧玲　黄倩倩　张　鸣　曾九莲
　　　　　　明若曦　黄俊杰　杜丹丹　赵瑞雪
　　　　　　黄　琳
审　　　校：张建纲　高东辉　向长松　谢　楠

目 录

第一章 俄罗斯基本概况 ……………………………………………… 1

1.1 俄罗斯政治、经济环境 …………………………………………… 1
1.1.1 俄罗斯政治环境 …………………………………………… 1
1.1.2 俄罗斯经济环境 …………………………………………… 2
1.1.3 中俄双边贸易情况 ………………………………………… 11

1.2 俄罗斯知识产权法律环境 ………………………………………… 12
1.2.1 俄罗斯知识产权制度发展沿革 …………………………… 12
1.2.2 俄罗斯加入国际知识产权条约的情况 …………………… 19

1.3 俄罗斯官方职能机构 ……………………………………………… 21
1.3.1 俄罗斯知识产权主要管理机构变革 ……………………… 21
1.3.2 俄罗斯知识产权管理体系 ………………………………… 22

第二章 俄罗斯知识产权有关法律的一般规定 ……………………… 26

2.1 法律所保护的客体及作者 ………………………………………… 26
2.1.1 法律所保护的客体 ………………………………………… 26
2.1.2 法律所保护的作者 ………………………………………… 27

2.2 专有权 ……………………………………………………………… 28
2.2.1 权利持有人的专有权 ……………………………………… 28
2.2.2 专有权的效力 ……………………………………………… 29
2.2.3 专有权的处分 ……………………………………………… 30
2.2.4 专有权的保护 ……………………………………………… 31

2.3 许可使用合同 ·· 33
2.4 专利代理师 ··· 35
2.5 中俄知识产权法律一般规定的主要差异 ································· 35

第三章 俄罗斯专利制度概况 ·· 37
3.1 专利权保护的客体 ·· 37
3.1.1 发明 ··· 38
3.1.2 实用新型 ··· 39
3.1.3 工业品外观设计 ·· 40
3.1.4 专利保护的有效期 ··· 41
3.2 专利权保护的主体 ·· 41
3.2.1 专利权的创造人 ·· 41
3.2.2 专利权人 ··· 42
3.2.3 专利权人的权利 ·· 46
3.3 专利权的处分 ·· 48
3.3.1 专利的开放许可 ·· 48
3.3.2 专利的强制许可 ·· 48
3.3.3 专利的转让 ·· 50
3.4 专利权的申请、变更和撤回 ··· 50
3.4.1 专利的申请 ·· 50
3.4.2 专利的变更及撤回 ··· 53
3.5 专利申请的审查 ··· 54
3.5.1 发明申请的审查 ·· 54
3.5.2 实用新型申请的审查 ·· 57
3.5.3 工业品外观设计申请的审查 ································· 58
3.6 专利的终止与恢复 ·· 58
3.6.1 专利的无效 ·· 58
3.6.2 专利的提前终止 ·· 59
3.6.3 专利的恢复 ·· 60

3.7 中俄专利制度主要差异 ………………………………………… 60

第四章 俄罗斯专利布局概况 ……………………………………… 62
4.1 专利申请概况 ……………………………………………………… 62
4.1.1 全球申请人在俄罗斯的专利申请状况 …………………… 62
4.1.2 中国申请人在俄罗斯的专利申请状况 …………………… 64
4.2 专利申请技术分布状况 …………………………………………… 65
4.2.1 中国在俄罗斯专利申请技术分布状况 …………………… 65
4.2.2 中国北京地区申请人在俄专利申请技术分布状况 ……… 67
4.3 主要申请人状况 …………………………………………………… 68
4.3.1 中国在俄罗斯主要申请人状况 …………………………… 68
4.3.2 机电领域俄罗斯专利主要申请人状况 …………………… 71
4.4 专利竞争格局及专利布局建议 …………………………………… 73
4.4.1 中国创新主体在俄专利储备 ……………………………… 73
4.4.2 出口产品与专利的对应情况 ……………………………… 74
4.4.3 专利布局短期策略 ………………………………………… 74

第五章 俄罗斯著作权及邻接权制度概况 ………………………… 75
5.1 俄罗斯著作权制度的主要内容 …………………………………… 75
5.1.1 著作权的客体 ……………………………………………… 75
5.1.2 著作权的主体 ……………………………………………… 77
5.1.3 计算机软件著作权 ………………………………………… 79
5.1.4 其他特殊作品 ……………………………………………… 82
5.1.5 作品专有权 ………………………………………………… 85
5.1.6 著作权的保护 ……………………………………………… 91
5.2 邻接权 ……………………………………………………………… 92
5.2.1 表演权 ……………………………………………………… 93
5.2.2 无线与有线广播组织权 …………………………………… 97
5.2.3 数据库制作者权 …………………………………………… 99
5.2.4 科学、文学或者艺术作品的公布者权 …………………… 100

5.3 中俄著作权制度主要差异 …………………………………… 101

第六章 俄罗斯商标制度概况 ………………………………… 103
6.1 企业名称权 ……………………………………………………… 103
6.2 商标权 …………………………………………………………… 104
 6.2.1 商标权的效力 ……………………………………………… 104
 6.2.2 商标权的处分 ……………………………………………… 106
 6.2.3 商标的申请 ………………………………………………… 106
 6.2.4 驰名商标和集体商标 ……………………………………… 109
 6.2.5 商标权的终止和保护 ……………………………………… 111
6.3 商品原产地名称 ………………………………………………… 112
6.4 商业标记权 ……………………………………………………… 116
6.5 中俄商标制度主要差异 ………………………………………… 117

第七章 俄罗斯育种成就权、集成电路布图设计权和技术秘密权概况 … 119
7.1 育种成就权 ……………………………………………………… 119
 7.1.1 育种成就的知识产权 ……………………………………… 121
 7.1.2 育种成就的处分 …………………………………………… 123
 7.1.3 育种成就权的取得和效力的终止 ………………………… 126
 7.1.4 中俄植物新品种制度主要差异 …………………………… 129
7.2 集成电路布图设计权 …………………………………………… 129
 7.2.1 集成电路布图设计定义 …………………………………… 129
 7.2.2 集成电路布图设计权的登记程序 ………………………… 130
 7.2.3 集成电路布图设计权的处分 ……………………………… 131
 7.2.4 集成电路布图设计权的归属 ……………………………… 132
 7.2.5 中俄集成电路布图设计制度主要差异 …………………… 134
7.3 技术秘密权 ……………………………………………………… 134
 7.3.1 技术秘密权定义 …………………………………………… 135
 7.3.2 技术秘密权的处分 ………………………………………… 135
 7.3.3 技术秘密权的归属 ………………………………………… 136

7.3.4 中俄技术秘密制度主要差异 …………………………………… 136

第八章 赴俄企业知识产权风险防范 …………………………………… 138
8.1 俄罗斯境内知识产权纠纷概况 ………………………………… 138
8.1.1 俄罗斯境内专利侵权诉讼概况 …………………………… 138
8.1.2 俄罗斯境内商标侵权诉讼概况 …………………………… 139
8.2 专利侵权纠纷案件介绍 ………………………………………… 140
8.2.1 驱动齿轮变速机构专利侵权案
（案件编号 A43-27778/2010） ……………………… 140
8.2.2 地板加热装置专利侵权案
（案件编号 A82-9854/2017） ………………………… 142
8.2.3 通信系统和遥控机械专利侵权案
（案件编号 A60-29727/2017） ……………………… 143
8.2.4 X 射线荧光分离器专利侵权案
（案件编号 A56-14767/2016） ……………………… 144
8.2.5 铁轨电车专利侵权案（案件编号 A71-19553/2018） …… 145
8.3 商标侵权纠纷案件介绍 ………………………………………… 146
8.3.1 "SibSpetsProekt" 商标侵权案
（案件编号 A67-7557/2016） ………………………… 146
8.3.2 "JBL" 商标侵权案（案件编号 A56-37066/2018） …… 147
8.3.3 "DOZOR" 商标侵权案（案件编号 A56-11219/2018） … 148
8.3.4 "ЛОСК" 商标侵权案（案件编号 A40-182983/2015） … 149
8.3.5 "iPhone" 商标侵权案（案件编号 A56-22940/2014） … 150
8.4 赴俄知识产权风险防范举措 …………………………………… 152

第九章 俄罗斯知识产权环境总论 …………………………………… 154
9.1 法律制度对比 …………………………………………………… 154
9.1.1 专利制度主要差异 ………………………………………… 154
9.1.2 著作权制度主要差异 ……………………………………… 155
9.1.3 商标制度主要差异 ………………………………………… 156

  9.1.4 植物新品种制度主要差异……157
  9.1.5 集成电路布图设计制度主要差异……157
  9.1.6 技术秘密制度主要差异……158
 9.2 保护趋势分析……158
  9.2.1 中国创新主体在俄专利储备情况……158
  9.2.2 产品出口与专利的对应情况……159
  9.2.3 短期专利布局策略……159
 9.3 纠纷处理建议……160
  9.3.1 救济方式……160
  9.3.2 维权策略……161
  9.3.3 临时保护……162
  9.3.4 海关扣押及个别规定……162

参考文献 ……163

第一章 俄罗斯基本概况

1.1 俄罗斯政治、经济环境

1.1.1 俄罗斯政治环境

历史沿革方面，1147年成立的莫斯科公国，在14至15世纪逐渐强大，15世纪末至16世纪初，以莫斯科公国为中心，逐渐形成多民族的封建国家。1547年，伊凡四世（伊凡雷帝）改大公称号为沙皇。1721年，彼得一世（彼得大帝）改国号为俄罗斯帝国。1861年，亚历山大二世废除农奴制。1917年2月，资产阶级革命推翻了专制制度。1917年11月7日（俄历10月25日）十月社会主义革命，建立世界上第一个社会主义国家政权——俄罗斯苏维埃联邦社会主义共和国。1922年12月30日，俄罗斯联邦、外高加索联邦、乌克兰、白俄罗斯成立苏维埃社会主义共和国联盟（后扩至15个加盟共和国）。1990年6月12日，俄罗斯苏维埃联邦社会主义共和国最高苏维埃发表《国家主权宣言》，宣布俄罗斯联邦在其境内拥有"绝对主权"。1991年8月，苏联发生"8·19"事件，此次事件大大削弱了苏联共产党的力量，宣告了挽救苏联失败；9月6日，苏联国务委员会通过决议，承认爱沙尼亚、拉脱维亚、立陶宛三个加盟共和国独立；12月8日，俄罗斯联邦、白俄罗斯、乌克兰三个加盟共和国领导人在别洛韦日签署《独立国家联合体协议》，宣布组成"独立国家联合体"；12月

21日，除波罗的海三国和格鲁吉亚外的苏联11个加盟共和国签署《阿拉木图宣言》和《独立国家联合体协议议定书》；12月26日，苏联最高苏维埃共和国院举行最后一次会议，宣布苏联停止存在。至此，苏联解体，俄罗斯联邦成为完全独立的国家，并成为苏联的唯一继承国。1993年12月12日，经过全民投票通过了俄罗斯独立后的第一部宪法，规定国家名称为"俄罗斯联邦"。2018年3月18日，俄罗斯举行总统选举，普京获胜连任。5月7日，普京宣誓就职，任期六年，目前俄罗斯由普京政府执政，政局保持稳定。[1]

地理民生方面，俄罗斯横跨欧亚大陆，领土包括欧洲的东部和亚洲的北部，是世界上国土最辽阔的国家。作为原苏联最大的加盟共和国和政治经济核心，俄罗斯资源丰富，科技发达，经济发展稳定，在国际事务中依然发挥着重要作用。2017年，俄罗斯继续保持政治和社会稳定，经济开始复苏，国民生产总值稳定增长的同时也为俄罗斯政治稳定提供了保障。尽管美欧加强了对俄罗斯的制裁措施，普京仍然进一步巩固政治体系，并稳步改善民生，树立了良好的政府形象，在美欧制裁以及俄罗斯加强中东军事实力的双重背景下，俄罗斯民众民族主义和爱国主义情绪上扬，对普京的执政理念和俄罗斯内政外交政策基本认同。普京顺利连任，继续推进既定的治国思想、方针和路线，俄罗斯国内政治、经济、外交政策将继续保持稳定。

经贸法制方面，俄罗斯拥有健全的投资法律体系，与投资直接相关的联邦法律有《固定资产投资活动法》《外国投资法》《关于外资进入对保障国防和国家安全具有战略意义的商业组织程序法》《保护证券市场投资者权益法》《经济特区法》《投资基金法》《证券市场法》等。此外，俄罗斯联邦政府、各地方政权也在自己的权限内颁布了众多的投资活动法规、法令。从俄罗斯中央到地方各级政府继续采取措施，积极改善投资环境。中俄两国全方位合作不断加强，经贸关系稳定发展。

1.1.2 俄罗斯经济环境

俄罗斯是全球大国，在国际上有较强的影响力，这主要得益于其强大的军事实力，以及其联合国常任理事国的地位，但其经济状况一直不被看好。俄罗斯国土面积全球第一，拥有极其丰富的资源，尤其是石油和天然气，这也使得俄罗斯能够依靠资源开采迅速发展。

俄罗斯经济发展对石油和天然气的开采和出口依赖较重，国际油价大涨，俄罗斯经济就会持续增长，一旦油价大跌或者石油出口受阻，俄罗斯经济也会陷入危机，俄罗斯也因此经历了两次严重的经济危机。

2000年之后，俄罗斯经济发展步入快车道。2000年俄罗斯GDP只有2500亿美元，2004年已经接近6000亿美元，2006年和2007年GDP增长率连续两年达到8%以上，2008年达到1.66万亿美元，首次突破1万亿美元大关。2013年GDP达到2.29万亿美元，但随后几年受全球经济危机影响，俄罗斯经济状况开始急剧下滑，2016年跌至1.28万亿美元。2017年后，经济开始复苏，直到2019年，俄罗斯GDP再一次突破1.69万亿美元，回到十年前的水平。2020年，受新冠肺炎疫情影响，俄罗斯GDP下滑3.6%。俄罗斯GDP变化趋势如图1-1所示。

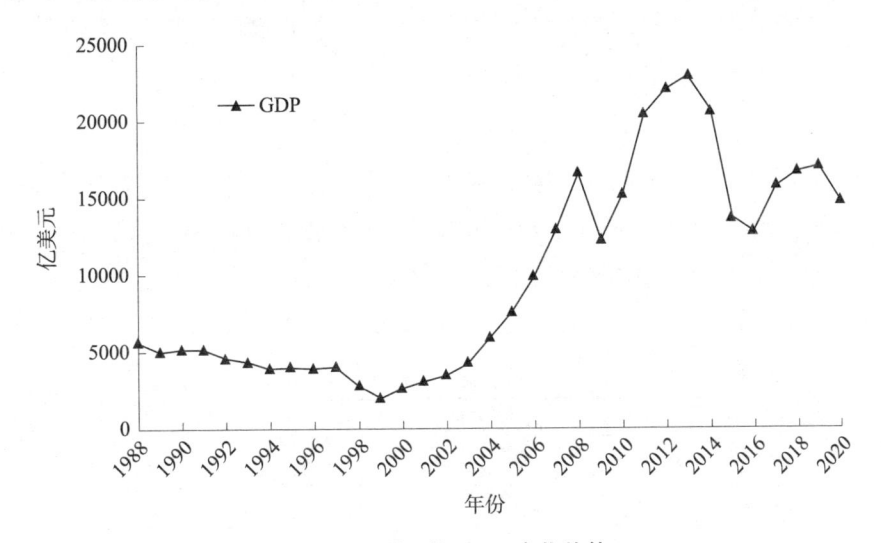

图1-1 俄罗斯GDP变化趋势

数据来源：俄罗斯联邦统计局。

投资、消费和出口占GDP的比例方面，2017年俄罗斯最终消费占GDP的比重为70.5%，资本形成总额占比24%，货物和服务的净出口占 5.5%。

财政收支方面，2017 年全联邦预算收入 150889 亿卢布（约合 2587 亿美元），支出 164203 亿卢布（约合 2815 亿美元），赤字约 228 亿美元，赤字率 1.4%。

外汇储备方面，截至 2018 年 1 月 1 日，俄罗斯国际储备（黄金外汇）为 4327 亿美元。

内债方面，截至 2018 年 1 月 1 日，俄罗斯内债达 8.69 万亿卢布（约合 1490 亿美元），其中国家担保的债务约 1.44 万亿卢布（约合 247 亿美元）。

外债余额方面，截至 2018 年 1 月 1 日，俄罗斯外债总额为 5189 亿美元，较 2017 年初增加 1.4%，其中联邦债务 558 亿美元，央行债务 145 亿美元，银行债务 1034 亿美元，其他部门债务 3452 亿美元。2017 年俄罗斯的银行及企业偿还外债 1163 亿美元，其中 987 亿美元为外债本金，176 亿美元为利息，至此已偿清所有苏联外债。2017 年俄罗斯通货膨胀率为 2.5%。

经济增长率方面，随着俄罗斯本国经济刺激措施初见成效，经济正在摆脱衰退，从微弱增长转向低速增长。2016 年，人均 GDP 为 58.7 万卢布（按年均汇率 1 美元 = 66.9 卢布计算，约合 8774 美元）。2017 年 GDP 为 92.08 万亿卢布；2018 年 GDP 为 103.63 万亿卢布，人均 GDP 为 70.5 万卢布；2019 年 GDP 为 109.36 万亿卢布，人均 GDP 为 74.5 万卢布。2013—2020 年俄罗斯宏观经济统计如表 1–1 所示。

表 1–1　2013—2020 年俄罗斯宏观经济统计（按现行价格）

年份	GDP（万亿卢布）	人均 GDP（万卢布）
2013	66.19	48.2
2014	71.40	49.7
2015	80.80	52.8
2016	86.04	58.7
2017	92.08	62.7
2018	103.63	70.5
2019	109.36	74.5
2020	106.61	72.8

资料来源：俄罗斯联邦统计局。

从整体经济来看，2019年俄罗斯GDP已跌出世界前十，经济总量不高，不再是全球经济的主要参与者。但是，如果按照世界银行购买力评价体系规则核算，2019年俄罗斯的GDP超过了4万亿美元，在全球排第六名——仅低于中国、美国、印度、日本和德国，高于英国、法国、意大利等国，消费能力仍然强劲。

贸易总量方面，据俄罗斯海关署统计，2017年，俄罗斯外贸总额为5876亿美元，较2016年增长24.7%，顺差1306亿美元；其中，出口3591亿美元，同比增长24.8%；进口2285亿美元，同比增长24.5%。

投资吸引力方面，以普京和梅德韦杰夫为核心的政府执政，民调良好，使得俄罗斯政局当前处于苏联解体以来最为稳定的阶段；俄罗斯地大物博，地跨欧亚两大洲，是世界上面积最大的国家，也是资源大国，拥有丰富的能源和矿产资源；作为世界经济大国之一，俄罗斯的工业改造、基础设施建设、新一轮私有化等，为投资商提供了更多的机遇；基础科学研究实力较雄厚，特别是在航天、核能、军工等尖端技术方面研究较领先；加入世贸组织后，放宽对国内外投资商投资领域的限制政策，吸引和鼓励外商和私有资金投资俄罗斯市场；近年来推出了跨越式发展区和符拉迪沃斯托克自由港政策，陆续出台引资优惠政策；国民受教育程度高。世界经济论坛《2017—2018年全球竞争力报告》显示，俄罗斯在全球最具竞争力的137个国家和地区中排名第38位。世界银行《2018营商环境报告》显示，俄罗斯境内营商便利度在全球190个经济体中排名第35位。

主要贸易伙伴方面，自2009年起，中国已连续11年成为俄罗斯第一大贸易伙伴国。从2019年的贸易数据来看，除中国外，德国、荷兰等国与俄罗斯的贸易往来较为密切。俄罗斯与整个欧盟贸易总额达到2465亿美元，较2016年增长24.7%，占当年俄外贸总额的42%。俄罗斯与亚太国家贸易总额为1782亿美元，同比增长26.8%，占俄罗斯外贸总额30.3%；与独联体国家贸易总额为723亿美元，同比增长27.5%，占俄罗斯外贸总额12.3%；与欧亚经济联盟国家贸易额为508亿美元，同比增长30.3%，占俄罗斯外贸总额8.6%，其余的贸易额则来源于美洲地区。俄罗斯对外贸易情况如图1-2、表1-2至表1-4所示。

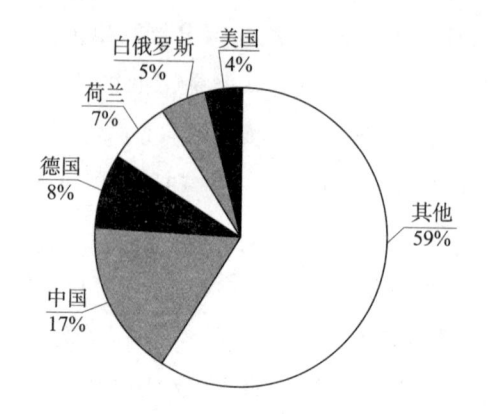

图 1-2　2019 年俄罗斯进出口总额的地域分布

表 1-2　2017—2019 年俄罗斯十大出口贸易伙伴统计表

出口目标地	出口额（亿美元）			占比（%）		
	2017 年	2018 年	2019 年	2017 年	2018 年	2019 年
全球	3572.66	4496.17	4224.29	100	100	100
中国	389.17	560.19	565.33	10.89	12.46	13.38
荷兰	355.77	434.4	447.89	9.96	9.66	10.6
德国	257.05	341.84	280.51	7.19	7.6	6.64
土耳其	184.1	213.13	210.61	5.15	4.74	4.99
白俄罗斯	186.5	220.16	204.9	5.22	4.9	4.85
韩国	122.56	178.25	163.56	3.43	3.96	3.87
意大利	138.38	164.01	143.41	3.87	3.65	3.39
哈萨克斯坦	124.48	130.41	140.6	3.48	2.9	3.33
英国	86.92	97.06	132.6	2.43	2.16	3.14
美国	101.52	124.97	130.55	2.84	2.78	3.09
小计	1946.45	2464.42	2419.96	54.46	54.81	57.28

资料来源：俄罗斯联邦统计局。

表 1-3　2017—2019 年俄罗斯十大进口贸易伙伴统计表

进口来源地	进口额（亿美元）			占比（%）		
	2017 年	2018 年	2019 年	2017 年	2018 年	2019 年
全球	2278.7	2384.93	2435.97	100	100	100
中国	480.55	520.99	541.2	21.09	21.85	22.22

续表

进口来源地	进口额（亿美元）			占比（%）		
	2017年	2018年	2019年	2017年	2018年	2019年
德国	242.32	253.71	251.13	10.63	10.64	10.31
美国	125.93	123.81	131.94	5.53	5.19	5.42
白俄罗斯	120.92	122.66	126.87	5.31	5.14	5.21
意大利	101.02	104.51	108.87	4.43	4.38	4.47
日本	77.71	87.09	89.61	3.41	3.65	3.68
法国	97.78	94.27	85.61	4.29	3.95	3.51
韩国	69.34	69.03	80.02	3.04	2.89	3.28
哈萨克斯坦	50.51	52.29	55.36	2.22	2.19	2.27
波兰	49.08	50.22	50.8	2.15	2.11	2.09
小计	1415.16	1478.58	1521.41	62.1	61.99	62.46

资料来源：俄罗斯联邦统计局。

表1-4　2017—2019年俄罗斯从中国进口主要贸易商品统计表

产品分类		进口总额（亿美元）			占从中国进口额比重（%）		
		2017年	2018年	2019年	2017年	2018年	2019年
84~85	机电	142.66	168.13	164.72	29.7	32.19	30.44
64~67	轻工业	15.21	16.82	16.52	3.16	3.22	3.05
94~96	玩具	12.95	14.58	15.4	2.69	2.8	2.84
86~89	运输	10.78	11.23	12.19	2.24	2.15	2.25
41~43	皮革制品	3.71	4.52	4.53	0.77	0.87	0.84

资料来源：俄罗斯海关委员会。

商品结构方面，据《世界能源统计》数据显示，2016年，俄罗斯继续保持全球最大石油和天然气出口国地位，俄罗斯石油和天然气出口分别占全球石油和天然气出口总量的13.2%和18.9%。2017年，俄罗斯出口商品结构未有明显改善，矿产资源类产品出口1784亿美元，占俄罗斯出口额50%；其他主要出口商品依次为：金属及其制品382亿美元，占比10.7%；化工产品252亿美元，占比7%；食品及农业原料205亿美元，占比5.7%；机械、设备及交通工具175亿美元，占比4.9%；宝石、贵金属及其制品107亿美元，占比3%；木材及纸浆78亿美元，占比2.2%。2017年机电产品为俄罗斯主要进口商品，进口额为932亿美元，占俄罗斯进口总额40.8%；其他主要进口商品依次为：化工产品398亿美元，占俄罗斯进口17.4%；食品及农业原料283亿美元，占俄罗斯进口12.4%；金属及其制品151亿美元，占俄罗斯进口6.6%；纺织品及鞋132亿美元，占俄罗斯进口5.8%；木材和纸浆36亿美元，占俄罗斯进口1.6%。

产业构成方面，2017年，第一产业（农、林、牧、渔业）产值占GDP的4.4%，第二产业（采矿业、制造业、电力、燃气及水的生产和供应业、建筑业）产值占33.4%，第三产业产值占62.2%。

重点、特色产业——石油天然气情况比较特殊，石油天然气工业长期以来在俄罗斯经济中占据核心地位，乌拉尔牌石油价格是俄罗斯制定国家财政预算的重要依据。2017年俄罗斯石油（包括凝析油）开采量为5.47亿吨，同比下降0.8%；原油加工量2.84亿吨，同比下降0.3%；出口石油2.53亿吨，同比下降0.8%；石油出口利润933.06亿美元，同比增长26.6%。2017年俄罗斯天然气开采量为6900亿立方米，同比增长7.8%；出口量为2102亿立方米，同比增长5.7%；天然气出口利润381亿美元，同比增长22.1%。

俄罗斯石油天然气行业主要企业包括：（1）天然气工业股份公司（Gazprom）：成立于1993年2月，主要从事天然气勘探、开采、运输、加工和销售，为俄罗斯营业额和利润最大的公司，也是世界最大的天然气开采企业。2017年该公司天然气开采量为4720亿立方米，同比增长12.4%，2017年实现营业收入1119.83亿美元，利润122.5亿美元，列2018年财富世界500强排行榜第49位。（2）卢克石油公司（Lukoil）：成立于1991年，为俄罗斯最大的私人石油公司。2017年该公司石油产量8740万吨，同比下降5%；天然气产量288亿立方米，同比增长15.7%；实现营业收入938.97亿美元，利润71.82亿美元，列2018年财富世界500强排行榜第63位。（3）俄罗斯石油公司（Rosneft Oil）：成立于1993年，是俄罗斯最大的国有石油公司。该公司2017年石油产量2.26亿吨，同比增长7.3%，实现营业收入720.28亿美元，利润38.07亿美元，列2018年财富世界500强排行榜第115位。(4) 苏尔古特石油天然气股份公司（Surgutneftegas）：成立于1993年，2017年石油产量为6054万吨，同比下降2.1%。(5) 俄罗斯石油运输公司（Transneft）：成立于1992年11月，为俄罗斯国有石油运输公司，垄断俄罗斯国内生产石油的管线运输。

重点、特色产业——冶金情况，俄罗斯矿产资源丰富，铁、铝、铜、镍等金属矿产的储量和产量都居于世界前列，矿石开采和冶金行业在俄罗斯经济中发挥重要作用。冶金行业是俄罗斯重要的工业部门之一，其产值约占GDP的5%，占工业生产总值的18%。冶金产品是俄罗斯主要出口商品之一，从出口创汇额来看，俄罗斯冶金行业占俄罗斯所有行业创汇额的14%，仅次于燃料动力行业，列第2位。俄罗斯冶金行业主要企业包括：(1) 诺里斯克镍业公司（Norisknickel's）：成立于1993年，前身为"诺里斯克镍业"康采恩，1997年完成私有化，为世界最大的镍和钯生产企业。(2) 俄罗斯铝业联合公司（Rusal）：2006年由俄罗斯铝业公司、西伯利亚乌拉尔铝业公司和瑞士嘉能可公司联合组建，是世界最大的铝和氧化铝生产企业，其铝产量占世界产量的12%，氧化铝产量占世界产量的15%。2018年4月6日，美国对俄罗斯铝业联合公司进行制裁，导致其股票大幅跳水，公司经营遭受重创。(3) 北方钢铁公司（Severstal）：1993年成立为股份公司，是世界最大的黑色金属冶金公司之一。(4) 欧亚集团（Euroasia）：成立于1992年，是世界最大的矿石开采和冶炼企业之一。

重点、特色产业——国防工业情况，俄罗斯国防工业继承了苏联庞大国防的大部分，从设计、研发、试验到生产，体系较为完整，部门较为齐全，是世界上少有的能生产海、陆、空、航天武器和装备的国家。在俄罗斯国内装备更新速度有限的情况下，俄罗斯国防工业大力发展对外合作与出口，2017年俄罗斯武器出口超过140亿美元，俄罗斯军工企业接受军工产品订单额超过470亿美元。在俄罗斯出口武器名单中，占据首位的是军用飞机，随后依次为海军舰艇、陆军装备和防空武器。

主权债务评级方面，截至2018年3月，国际评级机构标准普尔将俄罗斯主权债务评级从BB+（垃圾级）上调至BBB-；将俄罗斯外币和本币主权信用评级分别上调至"BBB-/A-3"和"BBB/A-2"。截至2018年1

月，国际评级机构穆迪对俄罗斯主权信用评级为Ba1，但把评级展望由稳定上调至正面。截至2018年2月24日，国际评级机构惠誉对俄罗斯主权信用评级为BBB-，展望为正面。

世界贸易组织参加情况，俄罗斯自1995年开始启动加入关贸总协定的谈判，于2011年12月最终完成加入WTO的谈判。2012年8月22日，俄罗斯成为世贸组织第156个正式成员。

经济合作与发展组织（OECD）加入进展方面，2007年5月，OECD邀请俄罗斯加入该组织。2009年，俄罗斯与OECD正式启动谈判。2014年3月，OECD宣布，因乌克兰危机推迟其与俄罗斯加入OECD的进程有关的活动。目前俄罗斯尚未加入经济合作与发展组织（OECD）。

区域贸易协定参加情况，主要包括：

（1）2010年1月，俄罗斯、白俄罗斯、哈萨克斯坦关税同盟开始试运转；同年7月6日，《关税同盟海关法》正式生效。三国总统就此签署联合声明，关税同盟的建立将促进在原苏联地区建立共同市场和统一货币空间。关税同盟成立后，俄罗斯与哈萨克斯坦双边贸易额增加了30%，白俄罗斯与俄罗斯和哈萨克斯坦的贸易额出现增长。

（2）独联体地区作为俄罗斯的战略利益区域，俄罗斯坚持积极推进地区经济一体化。2011年10月18日，独联体经济一体化进程取得重要进展，共有八个国家在《独联体自由贸易区协议》上签字，包括俄罗斯、白俄罗斯、乌克兰、哈萨克斯坦、亚美尼亚、吉尔吉斯斯坦、摩尔多瓦和塔吉克斯坦。

（3）2010年12月9日，俄罗斯、白俄罗斯、哈萨克斯坦三国总统通过了在欧亚经济共同体框架内建立统一经济空间的宣言，自2012年1月1日起，建立统一经济空间行动计划开始生效，自2012年2月起，关税同盟和统一经济空间的现行监管机构——欧亚经济委员会开始运作。2014年5月29日，在俄罗斯、白俄罗斯和哈萨克斯坦总统举行的三方会晤中，签署了有关成立欧亚经济联盟的条约，欧亚经济联盟2015年1月1日正式启动。根据条约，欧亚经济联盟将于2025年实现商品、服务、资金和劳动力的自由流动，终极目标是建立类似于欧盟的经济联盟，形成一个拥有 1.7 亿人口的统一市场。亚美尼亚于 2015 年 1 月 2 日、吉尔吉斯斯坦于 2015 年 8 月 12 日先后成为欧亚经济联盟第四个和第五个成员国。2018 年 5 月，中国与欧亚经济联盟签署了《中华人民共和国与欧亚经济联盟经贸合作协定》。

欧亚发展银行参与情况，2006 年，欧亚发展银行成立，由俄罗斯和哈萨克斯坦发起，初始资金 70 亿美元，旨在促进成员国市场经济的发展、扩大经济和经贸关系，成员国还包括白俄罗斯、亚美尼亚、吉尔吉斯斯坦和塔吉克斯坦。

地缘情况，由于历史形成的原因，俄罗斯的市场辐射主要在原苏联国家范围，乌克兰和格鲁吉亚等与俄罗斯关系急剧恶化的国家，至今还主要依赖俄罗斯提供能源和电力。借助交通往来便利以及苏联时期形成的跨地区产业结构布局，俄罗斯对这些国家保持较强的市场辐射能力，仍然是最大的蔬菜水果、服装鞋帽、机电设备等商品的集散中心。

1.1.3 中俄双边贸易情况

中俄两国一直是世界范围内的政治经济大国，双边关系总体上发展良好。中俄经贸史可以分为以下三个阶段。

（1）1991—1993 年是中俄贸易的快速发展阶段。20 世纪 90 年代，自苏联解体以后，俄罗斯的社会体制发生了翻天覆地的变化，但依旧以资源型发展模式为主，苏联解体带来的政治上的变化使得俄罗斯工业生产的产量大幅下降，国内人口的购买力严重不足，而此时，中国价格低廉的轻工业产品进入俄罗斯市场，受到俄罗斯人民的喜爱，瞬间成为俄罗斯人民的消费主流。

（2）1994—1998 年是中俄贸易的波动调整阶段。1994—1998 年，中俄之间的贸易出现了波动，俄罗斯的政治经济不稳定、1998 年的亚洲金融危机、俄罗斯对贸易采取管制政策等诸多因素导致两国之间的贸易额停留在 50 亿至 70 亿美元，两国的贸易方式也逐渐向现汇贸易过渡。

（3）1999 年至今是中俄贸易的稳定发展阶段。中俄之间的贸易呈现出稳定快速增长的新形势，普京执政并制定了适合俄罗斯发展的政治经济政策。与此同时，国际市场能源和原料商品价格大幅上扬，带动了俄经济的恢复性增长，加之中国对俄罗斯燃料和原料的需求不断增加，推动了中俄双边的经贸合作。这一时期的中俄双边贸易在贸易活动、贸易数额、增长速度方面都处于高速发展时期。

据俄罗斯海关统计，2013—2018年俄罗斯与中国的双边货物贸易额呈波动式变化，这主要是受全球贸易大环境的影响；2018年俄罗斯与中国的双边货物贸易额为1082.8亿美元，同比增长24.5%。但从中俄双边贸易额占俄罗斯总贸易额的比重变化情况来看，这一比重逐年攀升，从2013年的8.12%增长至2018年的15.76%，可以看出中俄双边贸易额逐年攀升。到2020年，中国已经连续第十一年成为俄罗斯的最大贸易伙伴。

目前，中国稳居俄罗斯第一大贸易伙伴国地位，俄罗斯是中国第十大贸易伙伴。根据统计，2019年前11个月中俄双边贸易额再次突破1000亿美元，达到1003.2亿美元，同比增长了3.1%。同时，中俄双边贸易结构持续优化，2019年前10个月，自俄罗斯进口农产品同比增长了12.4%，对俄罗斯出口汽车增长了66.4%。农业、服务贸易、高新技术产品等新的贸易增长点不断涌现。另外，中国驻俄罗斯大使馆经济商务参赞处可为有意进入俄罗斯市场的中国企业提供信息咨询服务，并期望中俄投资合作能成为扩大双边贸易规模、转变贸易增长方式、推动两国经济结构转型、促进各自经济增长的重要推动力量。中俄双方正在编制《至2024年中俄货物贸易和服务贸易高质量发展的路线图》，确保实现2000亿美元贸易目标。

1.2 俄罗斯知识产权法律环境

1.2.1 俄罗斯知识产权制度发展沿革

第一阶段：苏联时期

自1917年十月革命后，苏联实行计划经济，完全废除了私营经济，除了最基本的生活财产外，所有财产包括知识产权财产在内，全部由全民或者国家所有。直到1931年苏联颁布了《发明和技术改进条例》，该条例是苏联知识产权立法的主要依据，根据该条例，发明人只能获得仅供证明其发明人身份的证书及象征性的报酬，发明的其他权利及价值全部归国家所有。但该条例仅对苏联的公民如此规定，苏联承认外国人发明的专属权。直到1991年苏联解体，其知识产权所适用的规定依旧是该条例。

第二阶段：俄罗斯联邦前期（1992—2008年）

1991年苏联解体，俄罗斯联邦成立，俄罗斯联邦除了政治制度发生了重大变化，其知识产权制度也发生了改变。[2]苏联的法律不再适用于俄罗斯联邦。1992年至1993年，俄罗斯联邦对其知识产权体系进行了大规模的调整，出台了一系列知识产权相关法律，主要包括《俄罗斯联邦专利法》《俄罗斯联邦商标、服务标志和商品原产地名称法》《俄罗斯联邦计算机程序和数据库法》《俄罗斯联邦集成电路布图设计法》《俄罗斯联邦版权和邻接权法》《俄罗斯联邦育种成果法》等单行法。

这些法律构成了俄罗斯联邦知识产权制度的基本框架，在俄罗斯联邦民法典知识产权编出台前，发挥了重要的职能作用，并且为民法典知识产权编的编纂奠定了基础。

1993年至2006年，俄罗斯联邦对一系列知识产权单行法进行了修订和补充，如2002年的《俄罗斯联邦〈集成电路布图设计法〉修改与补充法》，2003年的《俄罗斯联邦〈专利法〉修改与补充法》以及2004年的《俄罗斯联邦〈著作权和邻接权法〉修改法》等。直到2006年，俄罗斯联邦总统签署了第230号"关于《俄罗斯联邦民法典》第四部分生效"的联邦法律，《俄罗斯联邦民法典》第四部分就是知识产权编，知识产权编在综合俄罗斯现行的单行法的基础上，重新整合、编纂而成，第230号联邦法律规定《俄罗斯联邦民法典》第四部分于2008年正式生效。2006年至2008年，其他知识产权单行法仍有效。

第三阶段：俄罗斯联邦民法典时期（2008年至今）

2008年1月1日，包括知识产权编在内的2008年版本的《俄罗斯联邦民法典》正式生效，这就意味着俄罗斯的知识产权制度正式进入了民法典时代，与此同时，其他相关知识产权的单行法作废。

```
俄罗斯联邦知识产权制度发展沿革
├── 第一阶段：苏联时期 ──《发明和技术改进条例》
├── 第二阶段：俄罗斯联邦前期 ──┬─《俄罗斯联邦专利法》
│         （1992—2008年）      ├─《俄罗斯联邦商标、服务标志和商品原产地名称法》
│                              ├─《俄罗斯联邦计算机程序和数据库法》
│                              ├─《俄罗斯联邦集成电路布图设计法》
│                              ├─《俄罗斯联邦著作权和邻接权法》
│                              └─《俄罗斯联邦育种成果法》
└── 第三阶段：俄罗斯联邦民法典时期 ──《俄罗斯联邦民法典》第四部分（知识产权编)
          （2008年至今)
```

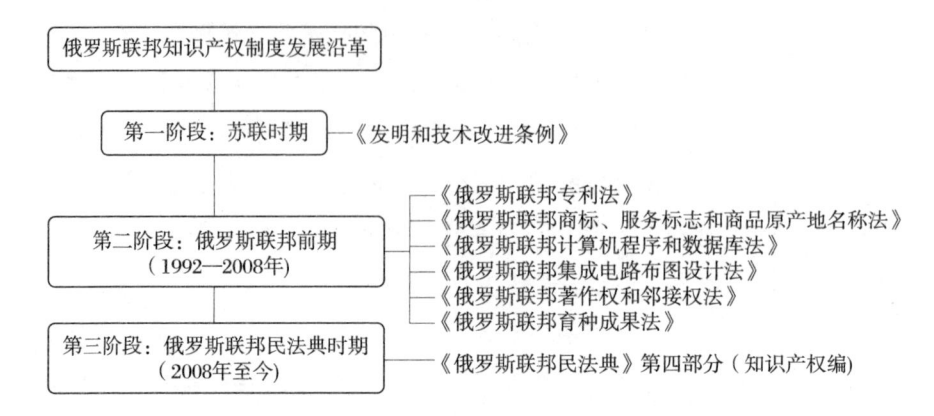

图1-3 俄罗斯知识产权制度发展

从2008年至今，《俄罗斯联邦民法典》陆续有过大大小小几次修订，其中，2014年出台的第35-FZ号联邦法不仅涉及民法典的第一、第二部分，也包括对第四部分的知识产权编的修订，可以认为是对民法典整体的一次大规模修订。现行的《俄罗斯联邦民法典》是基于2019年第230-FZ号联邦法出台后的修订版本，涉及民法典第四部分的部分修订，修订日期为2020年7月。

《俄罗斯联邦民法典》第四部分——知识产权编中内容包括：第69章一般规定；第70章著作权；第71章邻接权；第72章专利权；第73章育种成果权；第74章集成电路布图设计权；第75章技术秘密权；第76章法人、商品、工作、服务和企业区别经营者标识权以及第77章统一技术构成中的智力活动成果权。

在2011年至2014年，俄罗斯联邦政府还陆续修订了民法典以外的第98-FZ号联邦法：关于商业秘密；第284-FZ号联邦法：关于技术转让；第316-FZ号联邦法：关于专利代理师等知识产权相关法律。

俄罗斯联邦与知识产权相关的法律及实施细则详细信息如表1-5、表1-6所示。

表1-5 俄罗斯联邦知识产权相关法律

法律名称	保护主题	通过日期	生效日期	最新修订日期
俄罗斯联邦宪法		1993/12/12	1993/12/25	2014/7/21
俄罗斯联邦民法典（第四部分）	关于专利（发明）、实用新型、商标、地理标志、商品名称、集成电路布图设计、未公开的信息（商业秘密）、植物新品种保护、版权和相关权（邻接权）、知识产权及相关法律的执行、替代性争议解决（ADR）、域名、技术转让、IP监管机构、工业产权及其他	2006/12/18	2008/1/1	2019/7/26
第98-FZ号联邦法	关于商业秘密	2004/7/29	2004/8/16	2014/3/12
第284-FZ号联邦法	关于技术转让	2008/12/25	2009/1/9	2011/12/6
第316-FZ号联邦法	关于专利代理师	2008/12/30	2009/3/31	2013/7/2
第422-FZ号联邦法	关于俄罗斯联邦在俄罗斯仲裁法院体系中建立知识产权法院的部分法律修正	2011/12/8	2011/12/8	2014/6/28
第187-FZ号联邦法	关于俄罗斯联邦有关信息和电信网络中知识产权保护的部分法律修正	2013/7/2	2013/8/1	2014/3/12
第35号-FZ号联邦法	关于修改民法典第一、第二和第四部分以及俄罗斯联邦的其他若干立法	2014/3/12	2014/3/12	2014/3/12
第230-FZ号联邦法	关于俄罗斯联邦民法典第四部分的修正	2019/7/26	2020/7/27	—
第311-FZ号联邦法	关于俄罗斯联邦海关法规	2010/11/27	2010/11/27	2016/12/28

资料来源：世界知识产权组织。

表1-6　俄罗斯联邦知识产权相关实施细则

条例名称	保护主题	通过日期	生效日期	最新修订日期
第1151号决定	关于修改与发明专利、实用新型和工业品外观设计有关的具有法律意义的重大行为的专利费和其他费用的实施细则，国家商标和服务注册商标，国家对商品原产地名称的专有权的注册和授予，知识产权的许可、转让和质押协议的国家注册，以及未经协议的此类权利的转让	2017/9/23	2017/10/6	—
第218号决定	关于联邦知识产权局	2012/3/21	2012/4/7	2017/8/30
第274号命令	关于经济发展部关于澄清针对俄罗斯联邦的决定和行动（或不作为）的上诉程序的某些命令的修正案，联邦知识产权服务局及其提供服务的官员，以及在行政程序中澄清被授权作出决定的人员的组成	2017/6/7	2017/8/19	2020/8/19
第1416号决定	关于转让协议的国家注册和发明、实用新型、工业品外观设计、商标、服务标记、拓扑图的专有权的非合同转让集成电路、计算机程序和数据库	2015/12/24	2016/1/5	2020/7/27
第610号命令	关于批准行政法规的实施，该法规针对联邦政府在涉及统一使用的、交易的国家注册中行使的知识产权国家职能和国外民用技术	2015/8/27	2016/3/26	—
第611号命令	关于批准联邦知识产权局行使国家职能对计算机程序、数据库和集成电路拓扑图及其证书进行修改的行政法规	2015/8/28	2016/1/8	—

续表

条例名称	保护主题	通过日期	生效日期	最新修订日期
第695号命令	关于批准工业品外观设计注册表格和文件的起草、提交和审查规则，以及工业品外观设计申请的要求，工业品外观设计专利的授予，在联邦知识产权局官方公告中发布的有关其授权的信息，工业品外观设计专利证书的形式和内容	2015/9/30	2016/1/27	—
第696号命令	关于批准联邦知识产权局行使工业设计注册和工业设计专利授予的国家职能的行政法规	2015/9/30	2016/1/8	—
第698号命令	关于批准关于行使联邦知识产权局履行其原产地名称注册和授予的国家职能的行政法规专有权，以及对先前注册的原产地名称的专有权的授予和原产地名称及其复制品使用权证书的颁发	2015/9/30	2016/1/27	2020/7/27
第700号命令	关于批准关于行使联邦知识产权局在集成电路布图和集成电路布图设计注册方面的国家职能的行政法规颁发，集成电路布图设计图样或副本	2015/9/30	2016/1/8	—
第702号命令	关于批准关于行使实用程序注册和授予专利权的联邦知识产权局国家职能的行政法规，实用新型专利或其复制品	2015/9/30	2016/1/27	—
第704号命令	关于批准关于行使联邦知识产权局国家职能的行政法规，关于变更俄罗斯人名册商标、服务标志和原产地名称联合会、驰名商标清单以及商标，集体商标，服务商标，驰名商标和商品原产地名称专有权的注册证书	2015/9/30	2016/1/8	—

续表

条例名称	保护主题	通过日期	生效日期	最新修订日期
第 707 号命令	关于批准关于行使联邦知识产权局服务于非合同转移非专利注册的国家职能的行政法规，发明，实用新型，工业品外观设计，商标，服务商标，原产地名称，集成电路布图设计，计算机程序或数据库的权利	2015/9/30	2016/1/8	—
第 483 号命令	关于批准关于行使联邦知识产权局服务于商标、服务标志、集体商标的国家职能的行政法规，商标及其证书和副本的授予	2015/7/20	2015/9/12	—
第 601 号命令	关于批准在驰名商标证书中指定的信息清单以及驰名商标证书的形式	2015/8/27	2015/10/10	—
第 602 号命令	关于批准《联邦知识产权局行使国家职能承认商标或用作商标的名称为驰名商标的行政法规》（根据 2017 年 6 月 7 日俄罗斯联邦经济发展部第 274 号命令修订）	2015/8/27	2015/10/13	2017/8/19
第 603 号命令	关于批准关于行使联邦知识产权局的职能以尽早终止发明、实用新型的行政职能的行政法规，权利人提出要求时，其模型、工业品外观设计以及商标、服务标志和原产地名称、专有权证书的法律保护	2015/8/27	2015/11/10	—
第 693 号命令	关于批准联邦知识产权局行使国家职能以提前终止对商标、服务商标和驰名商标的法律保护的行政条例。由于法人或独资企业——权利人的清算，以及原产地名称使用权证书的权利人死亡，应权利人以外的任何人的要求，终止原产地名称使用权证书的有效性	2015/9/28	2015/12/18	—

续表

条例名称	保护主题	通过日期	生效日期	最新修订日期
第 SP-21/14 号知识产权法院主席团的决定	关于批准关于在先使用权争议的问题的说明	2014/11/14	2014/11/14	—
第 SP-21/4 号知识产权法院主席团的决定	关于批准有关域名争议的问题的通知	2014/3/28	2014/3/28	—
俄罗斯联邦最高商业法院全体会议第 51 号决定	关于启动知识产权法院的运作	2013/7/2	2013/7/2	—

1.2.2 俄罗斯加入国际知识产权条约的情况

随着俄罗斯知识产权法律制度的快速发展，在俄罗斯联邦，知识产权既受到国家立法规范的保护，也受相关国际条约规范保护。俄罗斯联邦于1970年加入世界知识产权组织（WIPO），之后陆续加入了WIPO体系下的管理公约，如《世界知识产权组织版权条约》《世界知识产权组织表演和录音制品条约》等。俄罗斯联邦加入的国际知识产权条约如表1-7、表1-8所示。

表1-7 俄罗斯联邦加入的国际知识产权相关公约

缔约方	条约名称	生效日期	现行版本生效日期
俄罗斯联邦	《视听表演北京条约》	2015/10/19	2020/4/28
俄罗斯联邦	《知识产权保护领域规则的统一原则协定》	2011/1/11	2012/1/1
俄罗斯联邦	《保护文学和艺术作品伯尔尼公约》	1994/12/9	1995/3/13
俄罗斯联邦	《发送卫星传输节目信号布鲁塞尔公约》	1988/10/20	1989/1/20
俄罗斯联邦	《国际承认用于专利程序的微生物保存布达佩斯条约》	1981/1/22	1981/4/22
俄罗斯联邦	《工业品外观设计国际注册海牙协定》	2017/11/30	2018/2/28
俄罗斯联邦	《建立工业品外观设计国际分类洛迦诺协定》	1972/9/8	1972/12/15

续表

缔约方	条约名称	生效日期	现行版本生效日期
俄罗斯联邦	《商标国际注册马德里协定》	1976/3/15	1976/7/1
俄罗斯联邦	《商标国际注册马德里协定有关议定书》	1997/3/10	1997/6/10
俄罗斯联邦	《保护奥林匹克会徽内罗毕条约》	1986/3/17	1986/4/17
俄罗斯联邦	《商标注册用商品和服务国际分类尼斯协议》	1971/4/8	1971/7/26
俄罗斯联邦	《保护工业产权巴黎公约》	1965/3/16	1965/7/1
俄罗斯联邦	《专利合作条约》	1977/12/29	1978/3/29
俄罗斯联邦	《专利法条约》	2009/5/12	2009/8/12
俄罗斯联邦	《保护录音制品制作者防止未经许可复制其录音制品公约》	1994/12/9	1995/3/13
俄罗斯联邦	《保护表演者、音像制品制作者和广播组织罗马公约》	2003/2/26	2003/5/26
俄罗斯联邦	《关于为盲人、视力障碍者或其他印刷品阅读障碍者获得已出版作品提供便利的马拉喀什条约》	2018/2/8	2018/5/8
俄罗斯联邦	《商标法新加坡条约》	2009/9/18	2009/12/18
俄罗斯联邦	《国际专利分类斯特拉斯堡协定》	1975/9/30	1976/10/3
俄罗斯联邦	《商标法条约》	1998/2/11	1998/5/11
俄罗斯联邦	《保护植物新品种国际公约》	1998/4/24	1998/4/24
俄罗斯联邦	《建立世界知识产权组织公约》	1968/12/4	1970/4/26
俄罗斯联邦	《世界知识产权组织版权条约》	2008/11/5	2009/2/5
俄罗斯联邦	《世界知识产权组织表演和录音制品条约》	2008/11/5	2009/2/5

资料来源：世界知识产权组织。

表1-8 中俄双方均生效的知识产权相关公约

条约名称	中俄两国生效的时间	
	俄罗斯	中国
《保护工业产权巴黎公约》	1965/7/1	1985/3/19
《建立世界知识产权组织公约》	1970/4/26	1980/6/3
《商标国际注册马德里协定》	1976/7/1	1989/10/4
《商标国际注册马德里协定有关议定书》	1997/6/10	1995/12/1
《专利合作条约》	1978/3/29	1994/1/1

续表

条约名称	中俄两国生效的时间	
	俄罗斯	中国
《商标法条约》	1976/7/1	1976/7/1
《国际承认用于专利程序的微生物保存布达佩斯条约》	1981/4/22	1995/7/1
《国际专利分类斯特拉斯堡协定》	1976/10/3	1997/6/19
《商标注册用国际商品和服务分类尼斯协定》	1971/7/26	1994/8/9
《建立工业品外观设计国际分类洛迦诺协定》	1972/12/15	1996/9/19
《奥林匹克会徽内罗毕条约》	1986/4/17	1986/4/17
《保护植物新品种国际公约》	1998/4/24	1999/4/23
《商标法新加坡条约》	2009/12/18	2009/12/18
《保护文学和艺术作品伯尔尼公约》	1995/3/13	1992/10/15
《发送卫星传输节目信号布鲁塞尔公约》	1989/1/20	1993/4/30
《保护录音制品制作者防止未经许可复制其录音制品公约》	1995/3/13	1993/4/30
《保护表演者、音像制品制作者和广播组织罗马公约》	2003/5/26	2003/5/26
《世界知识产权组织版权条约》	2009/2/5	2009/2/5
《世界知识产权组织表演和录音制品条约》	2009/2/5	2009/2/5
《保护集成电路知识产权华盛顿公约》	1989/5/26	1989/5/26
《世界知识产权组织版权条约》	1992/10/30	1992/10/30
《与贸易有关的知识产权协定》	2001/12/11	2001/12/11

资料来源：世界知识产权组织。

1.3 俄罗斯官方职能机构

1.3.1 俄罗斯知识产权主要管理机构变革

伴随俄罗斯的知识产权制度的发展历程，俄罗斯知识产权法律保护体系的管理机构也历经了多次变动。1918年管理机构为发明委员会，隶属于科技委员会。1931年仍为发明委员会，但隶属于劳动和国防委员会。1947年改为发明与发现委员会，1955年仍为发明与发现委员会，同时规定其隶属于苏联部长会议。1992年变更为俄罗斯专利与商标委员会。1996年改为俄罗斯专利与商标署（简称俄罗斯专利局）。2004年更名为联邦知识产权、专利和商标局，隶属于俄罗斯联邦教育和科学部。

2011年俄罗斯总统梅德维杰夫在5月24日召开的俄经济现代化和技术发展委员会会议上对外表示，其已签署总统令成立俄联邦知识产权局，替代知识产权、专利和商标局，直属于俄联邦政府。原知识产权、专利和商标局及军用、专用和军民两用知识产权成果权利保护署的职能一并划归联邦知识产权局。目前，俄罗斯主管知识产权的机构一直沿用俄罗斯联邦知识产权局这个名字。

1.3.2 俄罗斯知识产权管理体系

1.3.2.1 行政主管和执法机构

1. 俄罗斯联邦知识产权局

俄罗斯联邦知识产权局是俄罗斯联邦负责对知识产权在法律保护的范围内进行管理、监督以及使用的联邦执行机构。俄罗斯联邦知识产权局下设：联邦工业产权院、专利纠纷委员会、俄罗斯国立知识产权学院和四个职能部门（国际合作司、财务行政司、智力活动成果运用监督检查司和知识产权法律保护管理司）。该局发布以下知识产权信息：发明申请信息；发明、实用新型和工业设计专利；商标及服务标志申请；原产地名称注册申请；商标及服务标志；原产地名称；驰名商标；计算机程序、数据库和集成电路布图设计的正式注册，并对俄罗斯境内的发明（计算机程序、数据库系统及集成电路布图设计）、实用新型、商标、特殊服务标记、地理标志及商品原产地名称给予登记、保护、批准、协调。

联邦工业产权院，是在俄罗斯专利体系中从事工业产权审查、登记工作的主要职能部门，其主要职能是：组织审查、提高审查质量、缩短审查周期。联邦工业产权院下设：化学审查部、物理审查部、机械审查部、俄罗斯专利技术图书馆、商标注册登记部、行政管理部、自动化部及开发和技术保障部等部门，以及其他院直属处。[6]

专利纠纷委员会，设有法律保障处，发明、实用新型、工业设计异议审理处，商标、商品原产地名称异议审理处，组织技术保障处以及财务处，主要职责为受理及审理异议或不服。

俄罗斯国立知识产权学院，是俄罗斯联邦知识产权局下设的一个国家高等教育机构，设有法律系、经济管理系、补充教育和大学前教育系、函授和远程教育系四个系，主要培育本科生、第二学位生以及研究生，并且对审查员和企事业单位的领导和专业人员提供各种形式的进修和在职培训。

2. 联邦反垄断局

2004年，俄罗斯进行了政府机构的重组，依据《商品市场竞争与限制垄断行为法》成立了联邦反垄断局，作为俄罗斯联邦政府管辖的执行权力机构。联邦反垄断局的主要职能包括：

（1）就完善反垄断法的立法和执法问题，对法律草案及其他有关完善市场功能、促进市场竞争等规范性文件草案进行分析和评估，并向俄联邦政府提出建议；

（2）就促进竞争和商品市场发展措施的实施情况，向联邦执行权力机构、俄联邦主体执行权力机构以及地方自治机构提出建议；

（3）研究制定并实施民事流通领域的反垄断化措施；

（4）在经营主体的设立、改组和撤销过程中，对反垄断规定的执行情况进行监督；

（5）对经营主体在从经济联合体注册资本中获得有表决权的股票（股份）时进行监督，该表决权有可能使经营主体在俄联邦市场上占据主导地位或对竞争形成限制（《商品市场竞争与限制垄断行为法》1991.03.22）。

3. 俄罗斯海关

俄罗斯海关基本职能是：监管、征税、缉私、统计和其他海关业务。2011年3月俄罗斯海关出台新举措强化知识产权保护，分两个层级（联邦海关局、地区及直属海关局）履行职能。

据俄罗斯海关统计，2004年，海关机构共查处了154起与知识产权相关的行政违法案件。2004—2005 年，俄罗斯海关收到并审阅了 170 个知识产权方面的海关注册申请。而到 2010 年，海关机构查处的与知识产权相关的行政违法案件已经上升至 1076 件。2007—2011 年，海关机构查处的与知识产权相关的行政违法案件总数达 4700 多件。2012 年至今，俄罗斯海关查处的与知识产权相关的行政违法案件逐年增多，而且上升幅度明显，行政执法日趋严格。

1.3.2.2　司法体系

俄罗斯的司法体系主要分为：俄罗斯宪法法院、俄罗斯普通管辖法院、俄罗斯仲裁法院和俄罗斯知识产权法院。

在苏联解体前，俄罗斯联邦即建立了宪法法院。1993 年，俄罗斯以全民公决方式通过了由叶利钦主持制定的新宪法。1994 年 6 月 24 日，俄罗斯联邦国家议会通过了联邦宪法性法律《俄罗斯联邦宪法法院法》。随后，俄罗斯联邦总统和议会按照新宪法规定的程序，组建了俄罗斯联邦新的宪法法院。根据俄罗斯联邦宪法和宪法法院法，宪法法院的主要职权包括审理联邦性法律文件是否符合联邦宪法的案件、解决国家权力机构之间的权限纠纷、对俄罗斯联邦的宪法进行解释等，对具体案件中适用或者应予适用的法律是否符合俄罗斯联邦宪法进行审查。[8]

俄罗斯联邦普通管辖法院由俄罗斯联邦最高法院、共和国最高法院、边疆区法院、州法院、联邦级市法院、自治州法院、自治区法院、军事法院和调解机构构成。俄罗斯普通管辖法院与中国法院的管辖范围类似，受理一般的民事和刑事案件，但由于俄罗斯对经济纠纷性质的案件实行国家仲裁制度，涉及商业、经济性质的案件大多由仲裁法院管辖。

现行的俄罗斯联邦仲裁法院体系，由 4 个级别的仲裁法院构成，即俄罗斯联邦最高仲裁法院、10 个联邦大区仲裁法院、20 个复审仲裁法院和 81 个联邦主体仲裁法院。俄罗斯的仲裁法院与中国的商事仲裁机构不同，其本质就是国家法院。

2013 年，俄罗斯成立了专门审判知识产权的法院，即俄罗斯知识产权法院。知识产权法院在俄罗斯法院体系中扮演着双重角色，既是一审法院，也是二审上诉法院。知识产权法院既可以作为一审法院审理相关案件，也可以审理对俄罗斯知识产权局所作决定提起的上诉，用以处理知识产权纠纷。知识产权法院的所有案件将由三名或更多法官组成的小组进行审理。知识产权法院作为一审法院的裁决可被上诉到知识产权法院常务委员会。

第二章　俄罗斯知识产权
有关法律的一般规定

自 2008 年俄罗斯联邦将专利、商标、著作权、商业秘密等单行法统一编入民法典知识产权编后，对各个单行法中规范的共同处，统一写进一般规定中。

2.1　法律所保护的客体及作者

2.1.1　法律所保护的客体

知识产权是对智力活动成果及与之等同的区别经营者标识的保护，其中包括财产权的专有权，还包括人身权和其他非财产权利。知识产权保护的客体包括：

（1）科学、文学和艺术作品；

（2）电子计算机程序；

（3）数据库；

（4）表演；

（5）唱片；

（6）无线传送的或者有线传送的广播或者电视节目（无线或有线广播组织的广播）；

（7）发明；

（8）实用新型；

（9）工业品外观设计；

（10）育种成就；

（11）集成电路布图设计；

（12）技术秘密；

（13）企业名称；

（14）商标和服务标志（service marks）；

（15）商品原产地名称；

（16）商业标记。

2.1.2　法律所保护的作者

智力活动成果的作者是指以其创造性劳动创造了该成果的公民。没有对该成果的创造付出个人创造性贡献的公民，包括仅仅向作者提供技术的、咨询的、组织的或者物质的协助或帮助的，或者仅仅协助办理对该成果的权利或使用的公民以及对相应的工作实施了监督的公民，不得作为该智力活动成果的作者。

作者身份权以及在民法典规定情况下的署名权和其他人身非财产权利，属于智力活动成果的作者。作者身份权、署名权和其他人身非财产权利不可移转，并且不得让与，对该权利的放弃无效。作者身份权和作者署名权受永久性保护，在作者死后，对其作者身份和署名的保护可以由任何利害关系人实施。

对通过创造性劳动创造的智力活动成果的专有权最初由其作者拥有，该权利可以由作者依照合同转让给他人，也可以按照法律规定的其他依据转让给他人。由两个或者两个以上公民（共同创作者）共同以创造性劳动创造的智力活动成果的权利属于共同创作者们共同享有。

2.2 专有权

2.2.1 权利持有人的专有权

拥有对智力活动成果或区别经营者标识的专有权的公民或法人（权利持有人），有权依照自己的意愿以任何不违反法律的方式使用该成果或该手段。权利持有人可以处分智力活动成果或者区别经营者标识专有权。

权利持有人可以依照自己的意愿允许或者禁止他人使用智力活动成果或者区别经营者标识，没有禁止不得视为允许。他人未经权利持有人同意不得使用相应的智力活动成果或者区别经营者标识，但民法典另有规定的情形除外。智力活动成果或者区别经营者标识的使用如果未经权利持有人同意，则可能构成侵权并将承担法律责任，法律规定非权利持有人无须经权利持有人同意而使用智力活动成果或者区别经营者标识的情形除外。

在智力活动成果或者区别经营者标识专有权属于数人共有的情况下，如果权利持有人间没有单独协议，则每个权利持有人都可以按照自己的意愿使用该成果或者手段。专有权共有人之间的相互关系可以由他们之间的协议确定。

如果专有权共有人之间没有单独协议，对智力活动成果或者区别经营者标识的共同使用所得的收益在全体权利持有人间均等分配。对智力活动成果或者区别经营者标识专有权的处分可以由权利持有人共同行使，但民法典另有规定的除外。

对智力活动成果或者区别经营者标识的专有权的限制，包括对智力活动成果无须权利持有人的同意但为之保留报酬权而允许使用的情形，此时，对科学、文学和艺术作品、邻接权客体、发明和工业设计、商标的专有权的限制，在一定的条件下才能成立。例如，对科学、文学艺术作品或邻接权客体的专有权的限制，在个别情况下以不给权利持有人带来不公正的损害且不得以无依据的方式侵犯权利持有人的合法利益为条件而设定。对发明或工业设计的专有权的限制，在个别情况下以不给权利持有人或者其专利许可对象带来不公正的损害且不得以无理的方式侵犯权利持有人的合法利益为条件而设定。对商标专有权的限制，在个别情况下也必须以考虑权利持有人和第三人的合法利益为条件而设定。

2.2.2 专有权的效力

智力活动成果和区别经营者标识专有权在规定的期限内有效，智力活动成果或区别经营者标识专有权的效力期限的长度、计算该期间的方法、延长该期间的理由和程序以及在期限届满前终止专有权的理由和程序由民法典规定。

俄罗斯联邦加入的国际条约和俄罗斯民法典规定的智力活动成果、区别经营者标识专有权在俄罗斯联邦境内有效。人身非财产权利和其他非专有权的知识权利应在俄罗斯联邦境内有效，适用于外国公民、无国籍人士和外国法律实体所属的权利。在依照俄罗斯联邦参加的国际条约确认智力活动成果或区别经营者标识专有权时，权利的内容、权利的效力和限制、权利实现和保护的程序优先参考俄罗斯民法典的独立规定，国际条约或民法典另有规定的除外。

智力活动成果或者区别经营者标识专有权，只有在已经对该成果或者该手段进行了国家登记的条件下才可以被确认和保护。

在智力活动成果或者区别经营者标识应当按规定进行国家登记，对该成果或者该手段专有权依照合同转让、抵押和依照合同提供对该成果或者该手段的使用权，以及无须依照合同将该成果或者该手段的专有权移转，也应当进行国家登记。国家登记的程序和条件由俄罗斯联邦政府规定。对依照合同转让智力活动成果或者区别经营者标识专有权的国家登记、对该权利抵押的国家登记以及依照合同提供对该成果或者该手段的使用权的国家登记，通过对相应的合同的国家登记来实现。

对依照继承而进行的智力活动成果或者区别经营者标识专有权移转国家登记的依据是继承权证书；两个或多个继承人的共有财产可以通过协议分割，关于合并有不动产的财产分配协议，特别是关于转让一个或几个继承人的份额的协议，可以由继承人在颁发继承权证明书后订立。

不遵守对智力活动成果或者区别经营者标识专有权转让合同，或者向他人提供对该成果或者该手段使用权合同的国家登记要求，将会导致相应的合同无效。不遵守对无须合同而移转专有权的国家登记要求时，该移转视为不成立。

2.2.3 专有权的处分

权利持有人可以以任何不违反法律且不违背该专有权本质的方式处分属于他的智力活动成果或者区别经营者标识专有权，包括依照合同（专有权转让合同）转让给他人或者在合同（许可使用合同）规定的范围内授予他人对相应的智力活动成果或者区别经营者标识的使用权。签订许可使用合同并不导致专有权向被许可使用人移转。

一般规定中，对智力活动成果或者区别经营者标识专有权的处分合同包括专有权转让合同和许可使用合同（再许可使用合同），第四编的规则另有规定的和从专有权的内容或特点中可以得出不同规定的情况除外。没有直接指明智力活动成果或者区别经营者标识专有权完全移转的合同视为许可使用合同，对专门为纳入复合客体且已创造或者将被创造的智力活动成果的使用权除外。

专有权转让合同或者许可使用合同的条款，限制公民创造特定类型的或者在特定智力活动领域中的智力活动成果或者他人转让对该成果专有权的权利的，自始无效。

在签订智力活动成果或者区别经营者标识专有权抵押合同时，抵押人有权在该合同效力期限内使用该智力活动成果或者区别经营者标识，并可无须抵押权人的同意而处分对该成果或者对该手段的专有权，合同另有规定的除外。

依照专有权转让合同，一方（权利持有人）完全移转或者有义务完全移转属于他的智力活动成果或者区别经营者标识专有权给他方（取得人）。依照专有权转让合同，取得人有义务向权利持有人支付合同规定的报酬，合同另有规定的除外。在有偿的专有权转让合同中，缺乏报酬数额的条款或者确定数额的方法则合同视为不成立，法律规定合同未确定报酬而由国家机构确定的特殊情况在此不适用。

智力活动成果或者区别经营者标识专有权自专有权转让合同签订时起从权利持有人转让给取得人，双方协议另有规定的除外。如果专有权转让合同应当进行国家登记，则对该成果或者该手段的专有权自该合同的国家登记时起自权利持有人移转给取得人。

在取得人实质性地违反在专有权转让合同约定的期限内向权利持有人支付购买智力活动成果或者区别经营者标识专有权的价款时，如果专有权已经移转给了取得人，则以前的权利持有人有权依照司法程序要求将专有权取得人的权利转归自己并要求赔偿损失。如果专有权还没有移转给取得人，则在取得人违反按照合同规定的期限支付购买专有权的价款时，权利持有人可以单方解除合同并要求赔偿合同解除所造成的损失。

2.2.4　专有权的保护

智力活动成果和区别经营者标识专有权的保护主要通过提起以下请求保护：

（1）确认权利——针对在侵犯了权利持有人的利益时否认或者以其他方式不承认权利的人；

（2）制止侵权行为或者有侵权危险的行为——针对正在实施此类行为或者正在实施侵权行为所必要的准备行为的人；

（3）赔偿损失——针对未与权利持有人签订协议（无合同许可）非法

使用智力活动成果和区别经营者标识或者以其他方式侵犯了其专有权并给其带来损害的人；

（4）没收物质载体——针对其制造人、进口商、保管人、运输人、卖主、其他传播者、恶意购买人；

（5）公布法院关于所犯侵权行为的判决并指明真正的权利持有人——针对侵犯专有权的人。

依照侵犯专有权案件的诉讼保全程序，针对侵犯智力活动成果或者区别经营者标识专有权的物质载体、设备和材料，可以采取诉讼立法规定的保全措施，包括扣押物质载体、设备和材料。

在民法典专为某些种类的智力活动成果或区别经营者标识有规定的情况下，在专有权被侵犯时，权利持有人有权要求侵权方为上述侵权行为赔偿损失，赔偿在侵权行为认定后即应当支付，此时免除权利持有人对其所受损失数额的证明责任，补偿的数额由法院在民法典规定的范围内，根据侵权行为的特点和案件的其他情节并考虑请求的合理与公平决定。权利持有人有权请求加害人，为每种不法使用智力活动成果或区别经营者标识的情形或者为所实施的整个侵权行为支付补偿。

在制造、传播、使用、进口、运输或者保管体现了智力活动成果或区别经营者标识的物质载体导致对该成果或者该手段的专有权的侵犯时，此类物质载体是侵犯专有权的，并根据法院的判决应当禁止流通，无须任何补偿地予以销毁。

法人和个体经营者侵犯专有权的责任，如果法人多次或者严重侵犯智力活动成果和区别经营者标识专有权，则法院可以根据检察官的请求，依照法人清算相关条例作出注销该法人的判决。如果是公民实施此类侵权行为，则其作为个体经营者的活动可以依照法定程序由法院的民事判决或者刑事判决而终止。

对于与发明、实用新型、工业设计、育种成就、专利、商标、服务标志和商品原产地名称等智力活动成果确权过程有关的，与上述智力活动成果和区别经营者标识的授权登记有关的，与权利授予不符合或者不合规的争议有关的，均由相应的联邦知识产权管理机构和负责育种成就的联邦机构依照行政程序进行审查。最终决定自通过之日起生效，对决定有异议的，可以依照法定程序再提起诉讼。

2.3 许可使用合同

依照许可使用合同，一方智力活动成果或者区别经营者标识专有权持有人（许可使用人）向他方（被许可使用人）或者有义务向他方（被许可使用人）在合同规定的范围内提供对该成果或者该手段的使用权。被许可使用人只能在许可使用合同规定的范围内以规定的方式使用智力活动成果或者区别经营者标识。没有直接在许可使用合同中指明的智力活动成果或者区别经营者标识使用权视为没有向被许可使用人提供。

许可使用合同以书面形式签订，并进行国家登记。不遵守书面形式或者国家登记的要求将导致许可使用合同无效。在许可使用合同中应当指明智力活动成果或者区别经营者标识所被允许使用的区域。如果在合同中没有指明对该成果或者该手段的使用区域，则被许可使用人有权在整个俄罗斯联邦境内使用。

许可使用合同的期限不得超过智力活动成果或者区别经营者标识专有权的有效期限。在许可使用合同中没有规定其效力期限的情况下，合同视为 5 年期限合同，民法典另有规定的除外，在专有权终止的情况下许可使用合同也终止。

依照许可使用合同，被许可使用人有义务向许可使用人支付合同约定的报酬，合同另有规定的除外。在有偿许可使用合同中，缺乏报酬数额条款或者缺乏确定报酬的方式则合同视为不成立，法律规定合同未确定报酬而由国家机构确定的特殊情况在此不适用。

许可使用合同应当规定：

（1）通过指明智力活动成果或者区别经营者标识规定合同的标的，依照合同提供使用权的，指明在相应的情况下证明该成果或者该手段专有权的证书、编号和颁发日期；

33

（2）使用智力活动成果或者区别经营者标识的方式。

许可使用合同可以规定：

（1）向被许可使用人提供智力活动成果或者区别经营者标识使用权而为许可使用人保留向他人颁发使用许可的权利（非排他性的许可使用）；

（2）向被许可使用人提供智力活动成果或者区别经营者标识使用权而不为许可使用人保留向他人颁发使用许可的权利（排他性许可使用）。

如果许可使用合同中没有不同规定，则许可使用被推定为简单（非排他性）许可。

被许可使用人有义务向许可使用人提交智力活动成果或者区别经营者标识的使用报告，许可使用合同另有规定的除外。如果在许可使用合同中规定要提交智力活动成果或者区别经营者标识使用报告，而没有有关提交的期限和方式的条款，则被许可使用人有义务按照许可使用人的要求向他提交报告。

在许可使用合同有效期间内，许可使用人有义务不得实施任何有可能妨碍被许可使用人在合同规定的范围内实现赋予他的智力活动成果或者区别经营者标识使用权的行为。

使用许可使用合同没有规定、在该合同效力终止后使用或者以其他在依照合同提供给被许可使用人的权利范围以外使用智力活动成果或者区别经营者标识的，将导致民法典、其他法律或者合同规定的侵犯智力活动成果或者区别经营者标识专有权的行为。

被许可使用人违反许可使用合同规定的期限向许可使用人支付提供科学、文学或者艺术作品或其邻接权的客体使用权的报酬时，许可使用人可以单方解除许可使用合同并且要求赔偿因解除该合同所造成的损失。

经许可使用人书面同意，被许可使用人可以按照合同向他人提供对智力活动成果或者区别经营者标识的使用权（再许可使用合同）。依照再许可使用合同，被再许可使用人只能在对被许可使用人的许可使用合同规定的权利和使用方式范围内被赋予对智力活动成果或者区别经营者标识的使用权。期限超过许可使用合同的效力期限的再许可使用合同视为在许可使用合同的有效期间内，被许可使用人对被再许可使用人的行为在许可使用人面前承担责任，许可使用合同另有规定的除外。

2.4　专利代理师

申请人、权利持有人、其他利害关系人，可单独地或者通过在俄罗斯联邦知识产权管理机构登记的专利代理师，或者通过其他代理人，与联邦知识产权管理机构办理业务。

永久定居俄罗斯联邦境外的公民和外国法人，如果俄罗斯联邦加入的国际条约没有不同规定，则可通过在联邦知识产权管理机构登记的专利代理师与联邦知识产权管理机构办理业务。如果申请人、权利持有人、其他利害关系人自主地或者通过其他非在上述联邦机构登记的专利代理师的代理与联邦知识产权管理机构办理业务，则必须按照上述联邦机构的要求告知其在俄罗斯联邦境内的通信地址。

专利代理师和其他代理人的权限由申请人、权利持有人和其他利害关系人颁发的委托授权书证明。专利代理师可以是已经登记的在国内永久居住的俄罗斯联邦公民。对专利代理师的其他要求，其考试和登记程序以及其在执行智力活动客体和区别经营者标识法律保护有关的业务活动中的权限由法律规定。

2.5　中俄知识产权法律一般规定的主要差异

在我国同样有专利代理师，通过专门的专利代理师资格考试，由国家知识产权局颁发专利代理师资格证书后，才可以成为我国法定的专利代理师，从事相关工作之前还需进行执业实习备案。参加专利代理师考试必须是中国公民，且取得国家承认的理工科大专以上学历，并获得毕业证书或者学位证书。为加强国际合作，制订有关管理办法提供实践支撑，进一步推进知识产权服务业领域扩大对外开放，提升服务水平，2020年8月我国集中开设了28个试点地区，允许符合条件的外国人参加专利代理师资格考试，而俄罗斯目前没有制定允许外国公民成为专利代理师、专利律师的规定。

第三章 俄罗斯专利制度概况

俄罗斯民法典中将专利分为发明、实用新型和工业品外观设计，这三种不同类型的专利分别保护不同的客体，发明在特定情况下可以转化为实用新型。

3.1 专利权保护的客体

专利权的保护客体包括在科技领域中的智力活动成果，以及在艺术设计领域中的工业品外观设计智力活动成果。

俄罗斯对构成国家秘密资料的发明作为秘密发明予以保护，对构成国家机密情报的实用新型和工业品外观设计不给予法律保护。除此之外，不得成为专利权客体的还有：

（1）克隆人的方法；
（2）人类胚胎细胞遗传完整性的变异方法；
（3）将人类胚胎用于工业和商业目的；
（4）违背公共利益、人文道德原则的其他解决方案。

发明、实用新型和工业品外观设计享有独占权。发明、实用新型和工业品外观设计在俄罗斯联邦境内的独占权由俄罗斯联邦知识产权管理机构授予，或根据俄罗斯联邦签署的国际条约在俄罗斯联邦境内进一步生效。

发明、实用新型和工业品外观设计独占权在经国家注册后被承认并保护，联邦知识产权管理机构据此颁发发明、实用新型和工业品外观设计专利证书。

俄罗斯鼓励发明、实用新型、工业品外观设计的创造和运用,对利用相应发明、实用新型和工业品外观设计的创造人或被许可人,应当按照俄罗斯联邦的立法给予政策优惠。

3.1.1 发明

发明专利保护范围以在专利中记载的权利要求内容为准,说明书和附图可用于解释发明的权利要求内容。获得俄罗斯联邦发明专利授权的条件如下:

(1)任何领域涉及产品(包括装置、物质、微生物菌种、植物或动物的细胞培养物)或方法(借助于物质手段作用于物体所实现的过程)的技术解决方案可作为发明予以保护;如果发明具有新颖性、发明高度(创造性)和工业实用性,则予以法律保护。

(2)如果发明在现有技术中不是已知的,则该发明具有新颖性。对专业人员而言,如果发明不能从现有技术中简单推理得出,则该发明具有发明高度(创造性)。现有技术包括发明申请日/优先权日之前在世界范围内公知的任何资料。在确定发明新颖性时,现有技术中包括由其他人在俄罗斯联邦提出的具有较早优先权的申请,以及公众能查询的所有发明和实用新型申请,以及在俄罗斯联邦已经获得专利权的发明和实用新型。

(3)涉及发明的信息由发明人、申请人或是其他任何一个可以直接或间接得到这一信息的人泄露,导致有关发明的实质内容成为公知,在自信息泄露之日起6个月之内向联邦知识产权管理机构提交该发明申请的情况下,不妨碍发明专利性的认定。申请人负有关于信息泄露不妨碍发明专利性认定的举证责任。

(4)如果发明可用于工业、农业、卫生及其他经济或社会领域,该发明具有工业实用性。

(5)不属于发明专利保护方案的有:①科学发现;②科学理论和数学方法;③仅涉及制品外形并满足于美学需求的解决方案;④游戏、智力或经济活动的规则和方法；⑤计算机程序；⑥仅限于提供信息的解决方案。只有当发明专利申请仅涉及上述客体时，可根据本款排除其作为发明的可能性。

（6）不得作为发明予以保护的有：①植物、动物品种以及以生物方法获得的植物、动物品种，但微生物方法及以微生物方法获得的产品除外；②集成电路布图设计。

3.1.2 实用新型

实用新型专利保护范围以在专利中记载的实用新型权利要求的内容为准，说明书和附图可用于解释实用新型的权利要求的内容。

获得俄罗斯联邦实用新型专利授权的条件如下：

（1）涉及装置的技术方案可作为实用新型予以保护；如果实用新型具有新颖性和工业实用性，则予以法律保护。

（2）如果实用新型的实质特征在现有技术中不是已知的，则该实用新型具有新颖性。现有技术包括该实用新型申请日/优先权日之前，世界范围内公知的任何资料。现有技术还包括由其他人在俄罗斯联邦提出的、具有较早优先权的，且公众能够查询的所有发明和实用新型申请，以及在俄罗斯联邦已经获得专利权的发明和实用新型。

（3）涉及实用新型的信息由发明人、申请人或是其他任何一个可以直接或间接得到这一信息的人泄露，导致有关实用新型的实质内容成为公知，在自信息泄露之日起6个月之内向联邦知识产权管理机构提交该实用新型申请的情况下，不妨碍实用新型专利性的认定。申请人负有关于信息泄露不妨碍实用新型专利性认定的举证责任。

（4）如果实用新型可用于工业、农业、卫生及其他经济或社会领域，该实用新型具有工业实用性。

（5）不得作为实用新型予以保护的有：①仅涉及制品外形并满足于美学需求的解决方案；②集成电路布图设计。

3.1.3 工业品外观设计

工业品外观设计专利保护范围以在制品图案中表现的并列入工业品外观设计实质特征清单中的实质特征集合为准。

获得俄罗斯联邦外观设计专利授权的条件如下：

（1）决定工业或手工业生产制品外观的艺术设计方案可作为工业品外观设计予以保护。如果工业品外观设计依其实质特征具有新颖性和独创性，则予以法律保护。工业品外观设计的实质特征是指决定制品外观的美学和/或人类工程学的特征，包括形状、轮廓、图案及色彩组合。

（2）如果在工业品外观设计优先权日之前，表现在制品图片中的，以及列入工业品外观设计实质特征清单中的实质特征集合在世界范围内公知的资料中不是已知的，则该工业品外观设计具有新颖性。工业品外观设计新颖性的判定，同样应考虑由其他人在俄罗斯联邦提出的具有较早优先权并且公众能查询的所有工业品外观设计申请，以及在俄罗斯联邦授予专利权的工业品外观设计。

（3）如果工业品外观设计的实质特征由制品的创造性的特点所决定，则该工业品外观设计具有独创性。

（4）涉及工业品外观设计的信息由设计人、申请人或是其他任何一个可以直接或间接得到这一信息的人泄露，导致有关工业品外观设计的实质内容成为公知的，在自信息泄露之日起6个月之内向联邦知识产权管理机构提交该工业品外观设计申请的情况下，不妨碍工业品外观设计专利性的认定。申请人负有关于信息泄露不妨碍工业品外观设计专利性认定的举证责任。

（5）不得作为工业品外观设计予以保护的有：①纯粹基于制品技术功能的解决方案；②建筑工程（小建筑形式除外），工业、水利工程及其他固定设施；③由液体、气体、颗粒或其类似物质组成的无固定形状的物体。

3.1.4 专利保护的有效期

发明、实用新型、工业品外观设计独占权和证明此项权利的专利有效期自最初向联邦知识产权管理机构提交专利申请之日起计算，保护期分别为：发明 20 年；实用新型 10 年；工业品外观设计 15 年。

应专利持有人要求，工业品外观设计独占权和专利权有效期可以多次延长，每次延长 5 年，但最终不超过 25 年。

如果要求按法定程序获准使用的，涉及药品、杀虫剂或农业化学制品的发明专利申请自提交之日至首次获准使用之日已超过 5 年期限，则相应发明的独占权和证明此项权利的专利有效期可由联邦知识产权管理机构根据专利权人的请求予以延长。延长期限为自发明专利申请提交之日至首次获准使用之日经历的时间减去 5 年。在此情况下，发明专利有效期的延长不得超过 5 年。延长期限的请求应由专利权人在专利权有效期内，自发明获准使用之日或专利权授予之日起 6 个月期限届满前提交，以两者日期在后的为准。

发明、实用新型或工业品外观设计独占权有效期届满后即成为社会财富。对已经成为社会财富的发明、实用新型和工业品外观设计，任何人均可以自由利用，无须经任何人的同意和允许，也无须支付使用报酬。

3.2 专利权保护的主体

3.2.1 专利权的创造人

以创造性劳动完成相应智力活动成果的公民被认为是发明、实用新型和工业品外观设计的创造人（我国法律称为"发明人"）。如无相反证明，在发明、实用新型和工业品外观设计专利申请中被标明为创造人的人视为对发明作出突出贡献的人。

如果发明、实用新型和工业品外观设计的创造人不止一人，俄罗斯同样承认多个创造人的权利。以共同的创造性劳动完成发明、实用新型和工业品外观设计的公民被认为是共同创造人。如共同创造人之间的协议无另行约定，共同创造人中的每个人有权按照自己的意愿利用发明、实用新型和工业品外观设计。对涉及与利用发明、实用新型和工业品外观设计所获收益分配有关的，以及涉及与发明、实用新型和工业品外观设计独占权支配有关的共同创造人，共同使用知识产权成果或共同处置该成果或此类成果的专有权所产生的收入，应平均分配给所有权利持有人，法律另有规定的除外。创造人共同支配对发明、实用新型和工业品外观设计获得专利的权利。共同创造人中的每个人有权独立采取措施维护自己对发明、实用新型和工业品外观设计的权利。

3.2.2 专利权人

中俄两国对于职务发明专利权归属问题所作出的规定基本一致，类似纠纷的解决首先考虑是否有合同，在不存在合同的情况下再考虑法律上规定发明创造的权利归属于单位还是个人。

3.2.2.1 职务发明、职务实用新型和职务工业品外观设计

雇员因履行劳动义务或完成雇主的具体任务所创造的发明、实用新型和工业品外观设计被认为是相应的职务发明、职务实用新型和职务工业品外观设计。职务发明、职务实用新型和职务工业品外观设计的创造者身份权属于雇员，即创造人。如果雇主和雇员之间的劳动合同或其他合同没有另行约定，职务发明、职务实用新型和职务工业品外观设计的独占权和获得专利的权利属于雇主。

如果雇主和雇员之间的劳动合同没有另行约定，雇员应当将因履行劳动义务或完成雇主的具体任务所完成的、可能获得法律保护的创造成果书面通知雇主。如果雇主在其雇员通知之日起4个月内未向联邦知识产权管理机构提交相应的职务发明、职务实用新型和职务工业品外观设计专利申

请，也未将职务发明、职务实用新型和职务工业品外观设计的获得专利的权利转让给他人，或者告知雇员将相应的智力成果信息予以保密，这种情况下，这些发明、实用新型和工业品外观设计获得专利的权利归雇员。此时，雇主在专利权有效期内有权在自己的生产中按照普通（非独占）许可的条件使用职务发明、职务实用新型和职务工业品外观设计，并向专利权人支付补偿。支付的数额、条件和程序由雇员与雇主之间的合同确定，如有争议则由法院确定。

如果雇主保留获得职务发明、职务实用新型和职务工业品外观设计专利的权利，或者决定将对这种发明、实用新型和工业品外观设计的有关信息予以保密，或者将获得专利的权利转让他人，或者对其所提交的申请由于其自身原因而不能取得专利权，则雇员有权得到报酬。报酬的数额、支付条件和支付程序由雇员与雇主之间所签订的合同确定，如有争议则由法院确定。俄罗斯联邦政府有权规定职务发明、职务实用新型、职务工业品外观设计的最低报酬标准。

雇员利用雇主的资金、技术和其他物资，而并非因履行劳动义务或雇主的具体任务所创造的发明、实用新型和工业品外观设计不是职务发明、职务实用新型和职务工业品外观设计，获得这些发明、实用新型和工业品外观设计专利的权利和独占权均归雇员。此种情况下，雇主有权根据自身需要，在独占权的整个有效期内要求其提供无偿使用所创造的智力成果的普通许可（非独占），或要求赔偿因创造发明、实用新型和工业品外观设计而花费的开支。

3.2.2.2 因履行承揽合同而创造的发明、实用新型和工业品外观设计

如果发明、实用新型和工业品外观设计是在履行承揽合同或科学研究、试验设计或技术工作合同时创造的，且合同没有直接约定创造发明、实用新型和工业品外观设计，则获得这些发明、实用新型和工业品外观设计专利的权利和独占权归承包人（执行者），承包人与定购方之间的合同有另行约定的除外。此种情况下，如果合同无另行约定，定购方有权在专

利有效期内根据已经签订的相应合同，以取得成果为目的使用这些发明、实用新型和工业品外观设计，在普通（非独占）许可条件下无须为这种利用支付额外报酬。在承包人（执行者）将获得专利的权利转让或将自己的专利权转让他人时，定购方在上述条件下保留使用发明、实用新型和工业品外观设计的权利。

当根据承包人（执行者）和定购方之间的合同，获得专利的权利或发明、实用新型和工业品外观设计独占权转让给定购方或者定购方指明的第三人时，如果合同没有另行约定，承包人（执行者）有权在专利的整个有效期内，在无偿普通（非独占）许可条件下为自身需要使用所创造的发明、实用新型和工业品外观设计。如果发明、实用新型和工业品外观设计的创造人不是专利权人，则应根据职务发明相关规定向其支付相应的报酬。

3.2.2.3 根据定购创造的工业品外观设计

如果合同的目的是为创造工业品外观设计，则根据合同完成的工业品外观设计获得专利的权利和独占权归定购方，承包人（执行者）和定购方之间的合同有另行约定的除外。承包人（执行者）有权在专利的整个有效期内，在无偿普通（非独占）许可条件下为自身需要使用该工业品外观设计。

如果根据承包人（执行者）与定购方之间的合同，获得工业品外观设计专利的权利和独占权归承包人（执行者），则定购方有权在专利的整个有效期内，在无偿普通（非独占）许可条件下为自身需要使用该工业品外观设计。

如果根据定购完成的工业品外观设计的创造人不是专利权人，则应该向其支付报酬。

3.2.2.4 在履行国家或市政合同时创造的发明、实用新型和工业品外观设计

为满足国家或市政的需求而履行国家或市政的合同所创造的发明、实

用新型和工业品外观设计获得专利的权利和独占权属于承担国家或市政合同的组织（执行者）。前提是国家或市政合同中没有规定这一权利属于国家或市政定购方所代表的俄罗斯联邦、俄罗斯联邦主体或市政府，也没有规定这一权利属于执行者和俄罗斯联邦共同所有、执行者和俄罗斯联邦主体共同所有，或者执行者和市政府共同所有。

如果根据国家或市政的合同，获得发明、实用新型和工业品外观设计专利的权利和独占权属于俄罗斯联邦、俄罗斯联邦主体或市政府，则国家或市政定购方可自执行者（承包单位）书面通知其所完成的智力成果可作为发明、实用新型和工业品外观设计获得法律保护之日起 6 个月内提交专利申请，如果国家或市政定购方在上述期限内未提交申请，则获得专利的权利归执行者。

如果根据国家或市政的合同，获得发明、实用新型和工业品外观设计专利的权利和独占权属于俄罗斯联邦、俄罗斯联邦主体或者市政府，则执行者必须与自己的工作人员和第三人通过签订相应的协议获得所有相关权利，或保证其获得所有相关权利，以便将权利转移给俄罗斯联邦、俄罗斯联邦主体或市政府，此种情况下，执行者有权要求赔偿因第三人获得相应权利而发生的支出。

如果为满足国家或市政的需求而履行国家或市政的合同所创造的发明、实用新型和工业品外观设计专利权不属于俄罗斯联邦、俄罗斯联邦主体或市政府，专利权人应按国家或市政定购方的要求，为满足国家或市政的需求，必须向国家或定购方指定的人提供发明、实用新型和工业品外观设计使用的无偿普通（非独占）许可。

如果为满足国家或市政的需求而履行国家或市政的合同所创造的发明、实用新型和工业品外观设计的专利权是以执行者和俄罗斯联邦、执行者和俄罗斯联邦主体，或者执行者和市政府共同名义获得，国家或市政定购方在通知执行者之后，为完成任务或者满足俄罗斯联邦或市政供货需求之目的，有权提供利用这些发明、实用新型和工业品外观设计专利的无偿普通（非独占）许可。

如果执行者以自己的名义获得了发明、实用新型和工业品外观设计的专利权的执行人决定提前终止专利权的效力，他必须将此情况通知国家或市政定购方，并按照国家或市政定购方的要求将专利无偿转让给俄罗斯联邦、俄罗斯联邦主体或市政府。如果决定提前终止俄罗斯联邦、俄罗斯联邦主体或市政府名义获得的专利权的效力，则国家或市政定购方也必须将此情况通知执行者，并按照执行者的要求向其无偿转让该专利权。

3.2.3 专利权人的权利

独占权，是指专利权人以任何不与法律相抵触的方式，享有利用发明、实用新型和工业品外观设计的支配权。专利权人可以支配发明、实用新型和工业品外观设计的独占权。专利权人对于发明、实用新型和工业品外观设计的支配使用包括：

（1）向俄罗斯联邦境内进口、制造、使用、许诺销售、销售、以其他方式进入市场流通，或为这些目的存储应用了发明或实用新型的产品，或应用了工业品外观设计的制品；

（2）对由专利方法直接获得的产品实施本款第1段所规定的行为，如果以专利方法获得的产品是一种新产品，在无反证的情况下，相同产品视为利用专利方法而获得；

（3）对按其用途运行（使用）时自动实现专利方法的装置，实施本款第2段所规定的行为；

（4）实现一种应用了发明的方法，包括借助该方法的应用。

如果产品中含有或者方法中使用了列入发明或实用新型专利独立权利要求中的发明或实用新型的所有特征，或者与其等同的特征，以及对于相应的产品或方法的行为实施前已经在所属技术领域成为已知的特征，则认为发明或实用新型在该产品或方法中得以应用。如果制品含有表现在工业品外观设计制品图片中，并列入实质特征清单中的所有实质特征，则认为工业品外观设计在该制品中得以应用。如果在应用发明或实用新型时，使用了列入另一发明或另一实用新型专利独立权利要求中的所有特征，或者在应用工业品外观设计时，使用了列入另一工业品外观设计实质特征清单中的所有实质特征，则认为另一发明、实用新型或工业品外观设计同样得以应用。

下列情形不属于侵犯发明、实用新型和工业品外观设计独占权的行为：

（1）临时或偶然位于俄罗斯联邦境内的外国交通工具（水上、空中、公路、铁路运输）运行时在构造、辅助设备中或在航天技术中使用了应用发明或实用新型的产品，或应用工业品外观设计的制品，且所述产品或制品纯粹用于交通工具或航天技术的需要。如果该国对在俄罗斯联邦注册的交通工具或航天技术也给予同样的权利，对这些外国交通工具或航天技术而言，这种行为则不被视为侵犯独占权。

（2）对应用发明、实用新型的产品或方法，或应用工业品外观设计的制品进行科学研究，或者对这些产品、方法或制品进行实验的。

（3）在非常情况下（自然灾害、惨祸、事故）使用发明、实用新型或工业品外观设计，在合理时间内将此种使用告知专利权人，并随后支付相应补偿的。

（4）如果利用目的不是获取利润（收益），而是为满足个人、家庭、居家或其他与营利性经营活动无关的需要而利用发明、实用新型、工业品外观设计。

（5）按医生的处方在药房使用发明一次性地配制药品。

（6）向俄罗斯境内进口、使用、许诺销售、销售、以其他方式进入市场流通，或为这些目的存储应用了发明或实用新型的产品，或应用了工业品外观设计的制品，如果这些产品或制品在此前已经由专利权人或经专利权人同意的其他人引入俄罗斯境内的市场流通。

（7）先用权是指在发明、实用新型和工业品外观设计的优先权日之前，在俄罗斯联邦境内善意地使用并非专利申请的创造人所创造的相同的解决方案，或为此已经做好必要准备的人，在不扩大这种使用范围的情况下继续保留无偿使用相同解决方案的权利。先用权可以转让给他人，但只能与已经实施相同解决方案或为此完成了必要准备的企业一同转让。其中有一点例外是，俄罗斯联邦政府有权为了国防和安全准许不经专利权人同意而利用发明、实用新型和工业品外观设计，并在合理时间内告知专利权人，向其支付相应补偿。

3.3 专利权的处分

3.3.1 专利的开放许可

专利权人可向联邦知识产权管理机构提交有关向任何人授予利用发明、实用新型和工业品外观设计的权利的请求（开放许可）。此种情况下，自联邦知识产权管理机构公布开放许可有关信息的次年开始，发明、实用新型和工业品外观设计的专利年费降低50%。专利权人应当将向任何人提供的发明、实用新型和工业品外观设计利用权的许可条件告知联邦知识产权管理机构，该机构依专利权人请求将开放许可的相关信息予以公布。专利权人必须与表示愿意利用所述发明、实用新型和工业品外观设计的人以普通（非独占）许可的条件签订许可合同。

根据许可合同，专利权人一方（许可方）向另一方（被许可方）在合同规定的范围内授予或承诺授予利用由专利证明的发明、实用新型和工业品外观设计的权利。

如果专利权人自开放许可信息公布之日起2年内未收到有关以其请求书内容为条件签订许可合同的书面提议，在2年期届满时，专利权人可向联邦知识产权管理机构提交撤回其开放许可请求的请求书。在此情况下，专利权人必须补缴自有关开放许可信息公布之日至撤回日之间的专利年费，并在以后缴纳全额费用，联邦知识产权管理机构公布撤回请求的有关信息。

3.3.2 专利的强制许可

如果发明或工业品外观设计自专利权授予之日起4年内，实用新型自专利权授予之日起 3 年内未被专利权人实施或者未充分实施，从而导致相应的商品或服务在商品市场或服务市场上得不到充分供应，任何一个有意愿并准备实施这些发明、实用新型和工业品外观设计的人，在专利权人拒绝与其签订以相应惯例为基础的许可合同的情况下，有权向法院对专利权人提出关于在俄罗斯联邦境内给予实施该项发明、实用新型和工业品外观设计的强制普通许可（非独占）的诉讼。在诉讼请求中该人应当指出由他提出的给予这种许可的条件，包括发明、实用新型和工业品外观设计的实施范围、许可使用费的支付数额、支付办法和支付期限。如果专利权人无法证明其未实施或未充分实施发明、实用新型和工业品外观设计是有正当理由的，法院可就许可请求人提出的条件作出裁决。许可使用费总额应当在法院裁决中写明，并且应不低于可比情况下确定的许可使用费数额。如果以给予强制许可为条件的情况不复存在，且再出现的可能性极小，强制普通许可（非独占）的效力可根据专利权人的起诉按照司法程序终止。这种情况下，法院规定终止强制普通许可（非独占）的期限和程序，以及因获得此许可所产生的权利。

如果专利权人在不侵犯其他发明或实用新型专利权人（第一专利权人）权利的情况下就不能实施拥有独占权的发明，在第一专利权人拒绝签订以相应惯例为基础的许可合同之后，专利权人（第二专利权人）有权向法院对第一专利权人提出关于在俄罗斯联邦境内给予使用第一专利权人的发明或实用新型强制普通许可（非独占）的诉讼。诉讼请求中应当指出由第二专利权人提出的给予这种许可的条件，包括发明或实用新型的实施范围、许可使用费的支付数额、支付办法和支付期限。如果这个拥有从属发明独占权的专利权人能够证明其发明是一项重要的技术成果，并较之第一专利权人的发明或实用新型具有显著的经济优势，法院应作出给予其强制普通（非独占）许可的裁决。由该许可获得的、受第一专利保护的发明使用权不得转让他人，但转让第二专利的情况除外。

同样，强制普通许可（非独占）使用费总额应当在法院裁决中规定，应不低于可比情况下确定的许可使用费数额。在给予强制普通许可（非独占）时，发明或实用新型的专利权人（第一专利权人）享有以上述许可为基础提供的发明或实用新型使用权，由于对从属发明颁发了以相应惯例为条件的强制普通许可（非独占），同样有权获得利用从属发明的普通许可（非独占）。联邦知识产权管理机构应当对强制普通许可（非独占）进行国家注册。

3.3.3 专利的转让

根据发明、实用新型和工业品外观设计独占权的转让合同（专利转让合同），一方（专利权人）向另一方——独占权获得者（专利获得者）全部转让或承诺全部转让属于他的相应智力活动成果的独占权。

作为专利权人的创造人在提交发明专利申请时，可以在申请文件中附交一份请求书，说明在专利权授予时，专利权人（创造人）将承诺：与任何一个首次表示愿意签订专利转让合同，并将此愿望告知专利权人和联邦知识产权管理机构的俄罗斯联邦公民或俄罗斯法人按照相应惯例的条件签订此合同。在具有这种请求书的情况下，不再向申请人征收发明专利申请和就该申请授予专利权所规定的专利费用。联邦知识产权管理机构将上述请求在官方公报中予以公布。

以请求书为基础与专利权人签订发明专利转让合同的人必须缴纳申请人（专利权人）曾免缴的所有专利费用，以后的专利费用按规定程序缴纳。缴纳了申请人（专利权人）曾免缴的所有专利费用的凭证应附在注册合同的请求书中，以便发明转让合同在联邦知识产权管理机构注册。

3.4 专利权的申请、变更和撤回

3.4.1 专利的申请

发明、实用新型或工业品外观设计的专利申请由有权取得专利权的人（申请人）向联邦知识产权管理机构提交，其中专利授权请求书应当用俄文书写，其他申请文件可以用俄文或其他文种书写，如果申请文件用其他文种提交，申请应当附有这些文件的俄文译文。发明、实用新型和工业品外观设计专利授权请求书应由申请人签字，如果申请是通过专利代理师或者其他代表提交的，则由申请人或者提交申请的代表签字。对发明、实用新型和工业品外观设计申请文件的要求根据民法典由负责知识产权领域法规调整的联邦知识产权管理机构规定。发明、实用新型和工业品外观设计申请文件中应附有按规定数额缴纳了专利费用的凭证，或者陈述专利费用减免或延期缴纳理由的文件。

3.4.1.1　发明专利申请

一件发明专利申请（发明申请）应当涉及一项发明或者相互间仅由一个统一的发明构思构成的一组发明（发明单一性要求）。

一件发明申请文件应当包括：

（1）一份指明发明创造人和要求以其名义取得专利权的人，以及各方的居住地或者所在地的专利授权请求书；

（2）一份充分披露到足以实施的发明说明书；

（3）一份阐述发明实质，并完全以说明书为依据的发明权利要求书；

（4）附图及其他材料，如果对理解发明实质是必需的；

（5）摘要。

关于发明专利申请日期的确认，依据发明专利授权请求书、发明说明书和附图的发明申请到达联邦知识产权管理机构的日期为准。如果上述文件没有同时提交，则将最后文件的到达日期视为申请日期。

3.4.1.2　实用新型专利申请

一件实用新型专利申请（实用新型申请）应当涉及一项实用新型或者相互间仅由一个统一的创造构思构成的一组实用新型（实用新型单一性要求）。

一件实用新型申请文件应当包括：

（1）一份指明实用新型创造人和要求以其名义取得专利权的人，以及各方的居住地或者所在地的专利授予请求书；

（2）一份充分披露到足以实施的实用新型说明书；

（3）一份阐述实用新型实质，并完全以说明书为依据的实用新型权利要求书；

（4）附图，如果对理解实用新型实质是必需的；

（5）摘要。

同样，关于实用新型专利申请日期的确认，是包含一份专利授权请求书、一份实用新型说明书和附图的实用新型申请到达联邦知识产权执行权力机构的日期，视为实用新型申请的提交日期。如果上述文件没有同时提交，则将最后文件的到达日期视为申请日期。

3.4.1.3　工业品外观设计专利申请

一件工业品外观设计专利申请（工业品外观设计申请）应当涉及一项工业品外观设计或者相互间仅由一个统一的创造构思构成的一组工业品外观设计（工业品外观设计单一性要求）。

一件工业品外观设计申请文件应当包括：

（1）一份指明工业品外观设计的设计人和要求以其名义取得专利权的人，以及各方居住地或者所在地的专利授权请求书；

（2）一套能够完整、详细地呈现制品外形的图片；

（3）制品的全貌图、工程图、成型图，如果这些图对揭示工业品外观设计实质是必需的；

（4）一份工业品外观设计说明书；

（5）一份工业品外观设计实质特征清单。

与发明和实用新型专利一样，将包含一份工业品外观设计专利授权请求书、制品全套图片、一份工业品外观设计说明书和一份实质特征清单的工业品外观设计申请送达联邦知识产权执行权力机构的日期，视为工业品外观设计申请的提交日期。如果上述文件没有同时提交，则将最后文件的到达日期视为申请日期。

3.4.2 专利的变更及撤回

在对发明、实用新型和工业品外观设计申请作出授予专利权的决定或者拒绝授予专利权的决定之前，申请人有权对发明、实用新型和工业品外观设计申请文件进行修改，包括提交补充材料，前提是这些修改没有改变所申请的发明、实用新型和工业品外观设计的实质内容。如果补充材料含有要列入发明或实用新型权利要求中的特征，但在优先权当日作为优先权证据的文件中没有披露，以及在要求优先权的申请文件中所包含的发明或实用新型的权利要求中也没有披露的，则认为补充材料改变了所申请的发明或实用新型的实质内容。如果补充材料含有要列入工业品外观设计实质特征清单中但在申请提交当日制品图片中没有反映的特征，则认为补充材料改变了所申请的工业品外观设计的实质内容。

在发明、实用新型和工业品外观设计注册之前，申请文件中可作的修正包括关于申请人信息材料的变更、专利的权利转让给他人、申请人姓名或名称的变更以及更正申请文件中一些明显的技术性错误等。如果申请文件的修改是申请人在申请提交之日起 2 个月内主动提出的，则修改不需要缴纳费用。

在有关发明申请的信息公布之前，但不迟于授予发明专利权的决定作出之日，申请人有权向联邦知识产权权力执行机构提交相应的请求书，要求将其发明申请转换为实用新型申请，但该申请附有专利转让合同请求书的情况除外。

在授予专利权的决定作出之前允许将实用新型申请转换为发明申请，但如果作出拒绝授予专利权的决定，则允许在对此决定不服提交异议的可能性丧失之前进行。

发明、实用新型和工业品外观设计在相应的登记簿注册日之前，申请人有权撤回所提交的发明、实用新型和工业品外观设计申请。

3.5 专利申请的审查

3.5.1 发明申请的审查

在三种专利中，发明专利通常最为复杂，所以其申请的审查也最为烦琐。

第一步：形式审查。

形式审查中，如果申请人对发明申请提供补充材料，其中改变了所申请发明实质内容部分的补充材料在发明申请的审查时不予考虑，但是可由申请人作为独立申请提出，联邦知识产权管理机构应通知申请人。如果发明申请不符合申请文件的要求，联邦知识产权管理机构向申请人发出审查意见通知书，建议申请人自收到意见通知书之日起2个月内提交补正文件。如果申请人在规定期限内未提供所要求的文件，或者未提交有关延长这一期限的请求，则该申请视为撤回。这一期限可以由联邦知识产权管理机构根据情况酌情延长，但最长不得超过10个月。

如果提交的发明申请违反了发明单一性要求，联邦知识产权管理机构应建议申请人在收到相应通知之日起2个月内，告知应当审查所申请的哪一项发明，必要时可对申请文件进行修改。该申请中的其他发明可形成分案申请。如果申请人在规定期限内未告知审查所申请的哪一项发明，在必要时也未提供相应文件，则对发明权利要求中最先述及的发明进行审查。

第二步：发明申请信息资料的公布。

联邦知识产权管理机构自发明申请提交之日起满18个月，经形式审查合格的，在官方公报中公布发明申请的有关信息。信息公布的内容由知识产权领域实施规范性法规调整的联邦知识产权管理机构规定。发明人有权拒绝在发明申请公布的信息资料中被提及。申请人自发明申请提交之日起12个月期限内提出请求的，联邦知识产权管理机构可以自申请提交之日起18个月内公布发明申请信息资料。如果发明申请提交之日起12个月内撤回或者视为撤回，或者以该申请为基础发明已经注册，则不予公布。

如果在信息资料公布当日申请未撤回或者未视为撤回，在发明申请的有关信息公布之后，任何人有权了解申请文件。申请文件的了解及提供文件复印件的程序由知识产权领域实施规范性法规调整的联邦知识产权管理机构规定。

如果发明申请信息公布当日申请被撤回或者视为撤回，对同一申请人自该发明申请信息公布之日起12个月内向联邦知识产权管理机构提交的在后申请而言，这些信息不属于现有技术。

第三步：实质审查。

根据申请人或者第三人在发明申请提交时，或者自该申请提交之日起3年之内向联邦知识产权管理机构提出的请求，并在申请经形式审查合格的条件下，对发明申请进行实质审查。有关第三人提出的实质审查请求由联邦知识产权管理机构通知申请人。对发明申请进行实质审查请求的提交期限可由联邦知识产权管理机构根据申请人在该期限届满之前提出的请求予以延长，但不得超过2个月，且须与该请求一并提交按规定缴纳专利费用的凭证。如果在规定期限内未提交发明申请的实质审查请求，则申请被视为撤回。

发明申请的实质审查包括：对所申请的发明进行信息检索用以确定现有技术水平，将发明申请与之比较，进行发明高度和新颖性的评价，以及审查所申请的发明是否符合其他专利授权实质条件。对涉及民法典规定的不予授权的客体类型的发明申请不再进行信息检索，联邦知识产权管理机构应将检索情况自发明申请实质审查开始之日起6个月内通知申请人。信息检索报告由联邦知识产权管理机构出具。

如果发明申请未要求申请日之前的较早优先权，且发明实质审查请求在申请提交之时提出，自发明实质审查开始之日起6个月期满，联邦知识产权管理机构即向申请人发出信息检索报告。如果出现必须向其他机构查询在联邦知识产权管理机构馆藏中未保藏的信息源，或者所申请发明的表述无法按规定程序进行信息检索，向申请人发出信息检索报告的期限可由联邦知识产权管理机构予以延长，信息检索报告发出的延长期限及其原因由联邦知识产权管理机构通知申请人。

申请人和第三人有权请求对经过形式审查合格的发明申请进行确定现有技术水平的信息检索，与之比较的结果将用于评价所申请发明的新颖性和发明高度。进行这种信息检索的方式和条件及其相关结果的提供，由知识产权领域实施规范性法规调整的联邦知识产权管理机构规定。

在对发明申请进行实质审查过程中，联邦知识产权管理机构可以要求申请人提交补充材料（包括修改的发明权利要求），没有这些补充材料审查就无法进行。此种情况下，不改变发明实质的补充材料应当由申请人自收到该要求或者申请的对比材料复印件（如果申请人自收到联邦知识产权管理机构要求之日起1个月内要求获得对比材料的）之日起2个月内提供。如果申请人在规定期限内未提供所要求的材料，或者未提出有关延长规定期限的请求，则该申请被视为撤回。申请人提供所要求材料的规定期限可由联邦知识产权管理机构延长，但不得超过10个月。

第四步：决定授予或拒绝授予。

如果发明实质审查的结果确认由申请人提出的权利要求记载的发明内容符合民法典中规定的专利性条件，则联邦知识产权管理机构对含此权利要求的发明作出授予专利权的决定，并在决定中指出发明优先权日期。如果发明实质审查过程确认由申请人提出的权利要求记载的发明内容不符合民法典中所规定的专利性条件，则联邦知识产权管理机构作出拒绝授予专利权的决定。

在授予专利权的决定或者拒绝授予专利权的决定作出之前，联邦知识产权管理机构应将对所申请的发明进行专利性审查的结果通知申请人，并应该告知申请人可以就通知中的理由提出自己的意见。如果申请人的意见是在自收到通知之日起6个月内提交的，则在作出决定时应参考申请人的意见。

第五步：申请人提出异议。

对联邦知识产权管理机构作出的拒绝授予发明专利权的决定或者授予发明专利权的决定，申请人可以自收到联邦知识产权管理机构的决定中指出的对比材料的复印件（如果申请人在收到对该发明申请作出拒绝授予专利权的决定之日起 2 个月内要求获得对比材料的复印件的）之日起 6 个月内，向专利纠纷委员会提出异议。

第六步：专利证书的颁发。

联邦知识产权管理机构根据授予发明专利权的决定，将发明载入相应的国家发明登记簿，即俄罗斯联邦国家发明登记簿并颁发发明专利证书。如果以多人名义申请专利权的，对他们只颁发一个专利证书。

3.5.2 实用新型申请的审查

对送达到联邦知识产权管理机构的实用新型申请应进行的审查，包括审查其文件是否齐备，是否符合实用新型单一性要求，以及确定所申请的解决方案是否属于作为实用新型给予保护的技术解决方案。与对发明的审查不同，对所申请的实用新型则不进行发明高度的审查。

申请人和第三人有权请求对实用新型申请进行确定现有技术水平的信息检索，与之比较的结果可用于评价实用新型的专利性。进行这种信息检索的方式和条件及其相关结果的提供，由知识产权领域实施规范性法规调整的联邦知识产权管理机构规定。

如果实用新型申请审查结果确认提交的申请是可作为实用新型保护的技术解决方案，且申请文件符合规定要求，联邦知识产权管理机构作出授予专利权的决定，并指出实用新型申请的提交日期和确定的优先权。之后在俄罗斯联邦公报上进行公布，公布授予实用新型专利权的有关信息，包括创造人姓名（如果创造人未拒绝作为创造人而公开署名）、专利权人名称、实用新型的名称和权利要求。

如果审查结果确认提交的实用新型申请是不能作为实用新型予以保护的解决方案，则联邦知识产权管理机构应作出拒绝授予实用新型专利权的决定。

如果联邦知识产权管理机构在对实用新型申请审查时确认其中包含的情报已构成国家机密，申请文件将按国家保密法规定的程序予以保密。此种情况下，应通知申请人撤回实用新型申请或者将申请转换成保密发明申请，在收到申请人相应请求之前或者该申请解密之前，暂时停止对该申请的审查。

如果实用新型专利申请通过，并且公布后无人提出异议，则联邦知识产权管理机构将实用新型载入相应的国家发明登记簿，即俄罗斯联邦国家实用新型登记簿，并颁发实用新型专利证书。如果以多人名义申请专利权的，对他们只颁发一个专利证书。

3.5.3　工业品外观设计申请的审查

对送达联邦知识产权执行权力机构的工业品外观设计申请应进行形式审查，仅审查其文件是否齐备，以及是否符合规定要求。经形式审查合格即进行工业品外观设计申请的实质审查，包括审查所申请的工业品外观设计是否符合可专利性条件。

审查通过后，联邦知识产权管理机构在官方公报中公布授予工业品外观设计专利权的有关信息，包括创造人姓名（如果创造人未拒绝作为创造人而公开署名）、专利权人名称、工业品外观设计实质特征清单及其图片。信息公布的全部内容由知识产权领域实施规范性法律调整的联邦知识产权管理机构规定，任何人有权查阅申请文件及信息检索报告。

如果没有人提出异议，则联邦知识产权管理机构将工业品外观设计载入俄罗斯联邦国家工业品外观设计登记簿，并颁发工业品外观设计专利证书。如果以多人名义申请专利权的，对他们只颁发一个专利证书。

3.6　专利的终止与恢复

3.6.1　专利的无效

发明、实用新型和工业品外观设计专利在其有效期内出现下列情况可被宣告全部无效或者部分无效：

（1）不符合民法典规定的发明、实用新型和工业品外观设计的专利性条件；

（2）包含在授予专利权的决定中的发明或实用新型权利要求书中，或者工业品外观设计实质特征的清单中的特征是在申请提交当日的发明或实用新型的说明书和权利要求书中（如果发明或者实用新型申请在提交当日包含了权利要求书），或者工业品外观设计制品的图片中所没有的；

（3）对具有同一个优先权日的多件相同的发明、实用新型和工业品外观设计申请重复授予的专利权；

（4）颁发的专利证书中记载的创造人或者专利权人不是民法典规定的创造人或者专利权人，或在专利证书中没有记载民法典规定的创造人或者专利权人。

若违反第（1）至（3）项其中一项规定的，任何人均可通过向专利纠纷委员会提出异议，表示对发明、实用新型和工业品外观设计专利权授予的不服；若违反第（4）项规定的，任何人均可按司法程序对发明、实用新型和工业品外观设计专利权的授予提出异议。

联邦知识产权权力执行机构可依据民法典规定的理由宣告专利无效，也可由法院判决宣告发明、实用新型和工业品外观设计专利权全部无效或部分无效，宣告发明、实用新型和工业品外观设计专利权部分无效时，应授予新的专利权。

被宣告全部或者部分无效的发明、实用新型和工业品外观设计专利权自申请提交之日起予以撤销。以后来被宣告无效的专利为基础签订的许可合同，在专利无效决定作出之前合同范围内已经履行的部分仍然有效。

宣告专利权无效意味着撤销联邦知识产权权力执行机构关于授予发明、实用新型和工业品外观设计专利权的决定，并废除相应的国家注册簿中的记录。

3.6.2 专利的提前终止

发明、实用新型和工业品外观设计专利权效力在下列情况下提前终止：

（1）以专利权人向联邦知识产权管理机构提交的请求为依据的，自请求书到达之日起终止；

（2）如果专利权授予一组发明、实用新型和工业品外观设计，而专利权人提交的请求书并非针对整个一组专利权的所有客体，则仅对请求书中指出的发明、实用新型和工业品外观设计专利权终止其效力；

（3）在规定期限内未缴纳发明、实用新型和工业品外观设计专利年费的，专利权的效力自缴纳专利年费的规定期限届满之日起终止。

3.6.3 专利的恢复

因未在规定期限内缴纳专利年费而终止效力的发明、实用新型和工业品外观设计专利权，可由联邦知识产权管理机构根据发明、实用新型和工业品外观设计专利权人的请求恢复其效力。专利权效力恢复的请求可以自缴纳专利年费的期限届满日起3年之内向联邦知识产权管理机构提交，但必须在民法典规定的专利有效期之内，请求书中应附有缴纳规定数额的专利权效力恢复费的凭证。

联邦知识产权管理机构会在官方公报中公布发明、实用新型和工业品外观设计专利权效力恢复的有关信息。

在发明、实用新型和工业品外观设计专利权效力终止之日至联邦知识产权管理机构官方公报中有关专利权效力恢复的信息公布之日的期间，已经开始实施发明、实用新型和工业品外观设计，或者在所述期间内为此已经做好必要准备的人，在不扩大该实施范围的条件下，保留继续无偿使用的权利（先用权）。

3.7 中俄专利制度主要差异

与中国不同的是，《俄罗斯民法典》中未对三种不同类型的专利对应的保护客体作严格限制，发明专利在特定情况下可以转化为实用新型。而中国专利法第二条对于专利权保护的客体分别进行了规定，分为发明、实用新型和外观设计，并对其保护对象进行了明确区分，不能进行互相转化。

另外，俄罗斯专利制度中规定创造人（发明人）的署名权属于人身权利，创造人不能放弃署名权利，而中国专利制度中则没有禁止发明人放弃署名权。俄罗斯民法典中的这一规定更严格地贯彻了专利制度的立法意图，充分体现了对于智力成果作出创造性贡献者的尊重和保护；而中国专利法对于这部分的规定相对灵活，更有利于创新主体在市场竞争中的专利运用，加快推进成果转化进程，促进专利运营步伐，可以认为两方的制度均能体现相关规定的程序意义，在不同的国家环境中起到了正面、积极的作用。

中俄专利制度中最大的差异点集中在工业品外观设计。在确权方面，俄罗斯民法典中规定工业品外观设计需要经过实质审查才能获得授权，而在中国则仅需要进行初步审查。俄罗斯专利制度中工业品外观设计的保护期限为 15 年，并且可以延长至 25 年。中国专利法实施以来，外观设计的保护期限一直为 10 年，经过多年司法实践，中国专利法在 2021 年 6 月 1 日之后修改外观设计的保护期限至 15 年。

在保护方面，《俄罗斯民法典》中规定了任何单位或者个人未经专利权人许可，都不得使用发明、实用新型或者工业品外观设计的专有权，即不得为生产经营目的制造、使用、许诺销售、销售、进口。而中国专利法中"使用"外观设计并不属于侵权行为。因此从以上两方面来看，中俄专利制度关于工业品外观设计的规定是差距较大的，俄罗斯专利制度对于工业品外观设计保护更为完善。

第四章 俄罗斯专利布局概况

4.1 专利申请概况

4.1.1 全球申请人在俄罗斯的专利申请状况

从专利申请趋势来看,俄罗斯境内专利申请数量在 2003 年至 2008 年间爆发式增长,与其国内经济高速发展的时间一致。2008 年全球金融危机之后,多数科技型企业受到一定影响,在部分国家和地区的专利布局步伐放缓,但俄罗斯境内的专利新申请数量相对稳定,俄罗斯市场被持续看好。2009 年至 2015 年,年专利申请量稳定在 50000 件左右。尽管俄罗斯所依赖的能源行业容易受到全球经济环境、政治环境的影响,但其国内旺盛的机电产品进口需求仍然吸引了大批国外企业,机电产业的创新主体纷纷在俄罗斯积极开展专利布局,使得专利数量保持相对稳定,没有与经济指标同期出现震荡。2016 年至今,俄罗斯处于经济恢复期,本土企业创新热情不高,整体专利申请数量有所下滑。(如图 4-1 所示)

从专利技术分布来看,生活、医疗类的专利数量较多,其次是测量类、吸附分离类、有机材料类。A61K(医用、牙科用或梳妆用的配制品)是俄罗斯境内专利数量最多的技术分类,主要涉及医用基础配置品,长期保持稳定增长态势。俄罗斯境内 A23L(非保存类的食品、饮料及其方法的)相关专利数量排名第二,但布局时间非常集中,2005 年至 2015 年爆

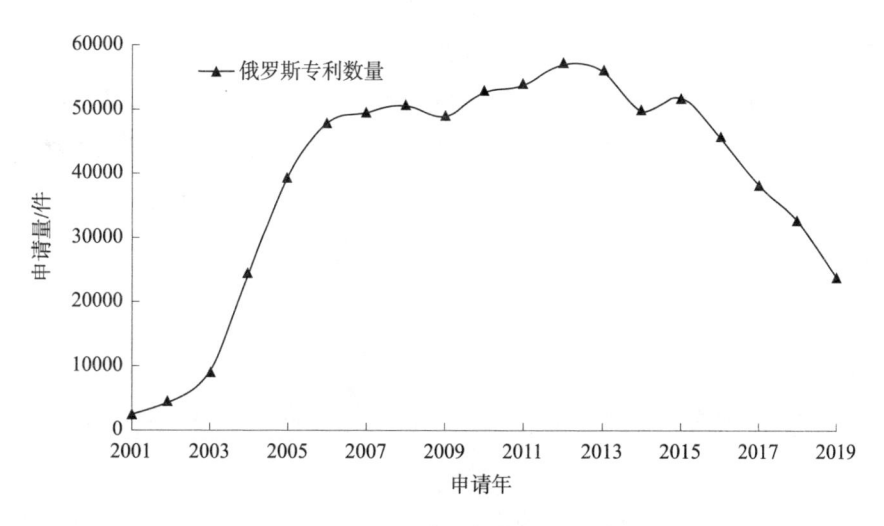

图 4-1 俄罗斯专利数量与时间趋势

发式增长，2015 年之后快速下降，这与俄罗斯食品行业同期的大力发展不无关系。其他排名靠前的技术类别有 A61B（手术或诊断用的仪器、器械或附件）、G01N（借助于测定材料的化学或物理性质来测试或分析材料）等。进一步排查发现，通信、机电领域涉及的专利总量虽然不多，但近年来增速较快。（如图 4-2 所示）

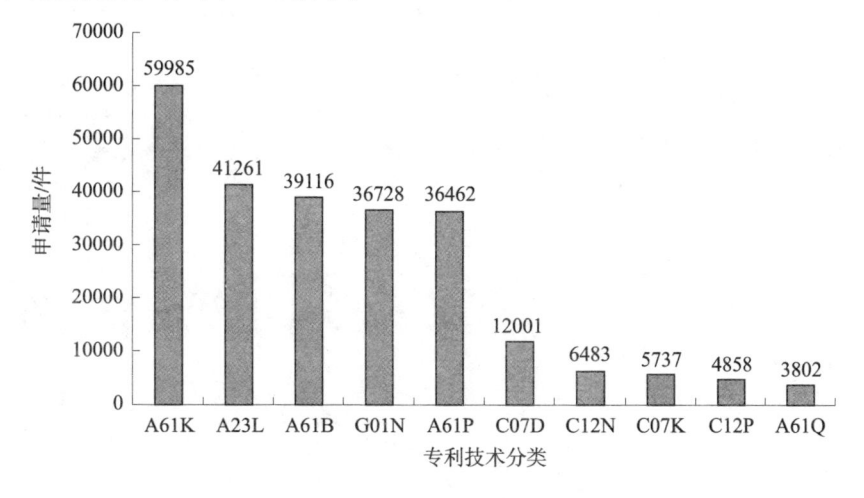

图 4-2 俄罗斯专利技术分类

从图 4-3 不难看出，来源于俄罗斯本土的专利技术最多，来源于美国、德国、日本优先权的专利数量也不少，上述三国持续关注俄罗斯市场并保有一定的技术输出力度。另外，法国、中国、英国申请人也较为关注俄罗斯市场，尤其是中国申请人，随着中俄贸易形势持续向好，中国企业将越来越多的产品销往俄罗斯境内，相关技术的专利保护逐渐受到重视。

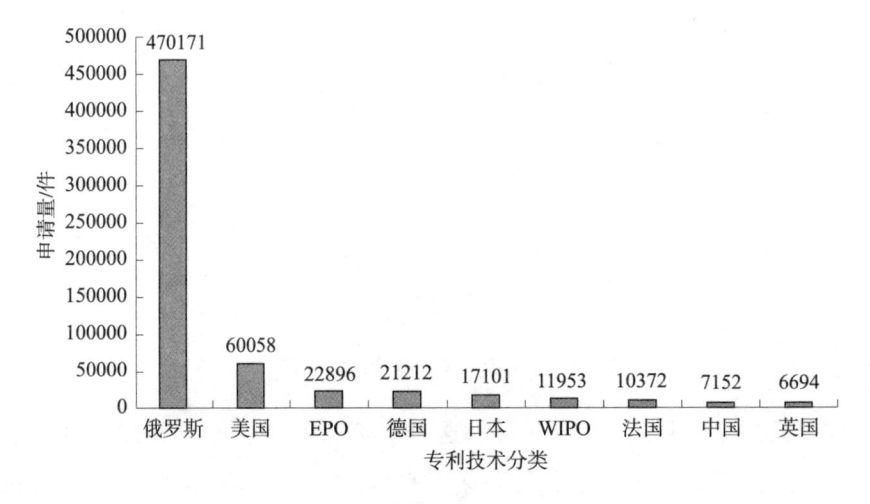

图 4-3　俄罗斯专利技术来源分布

4.1.2　中国申请人在俄罗斯的专利申请状况

从图 4-4 可以看出，中国申请人在 2005 年之前很少在俄罗斯境内进

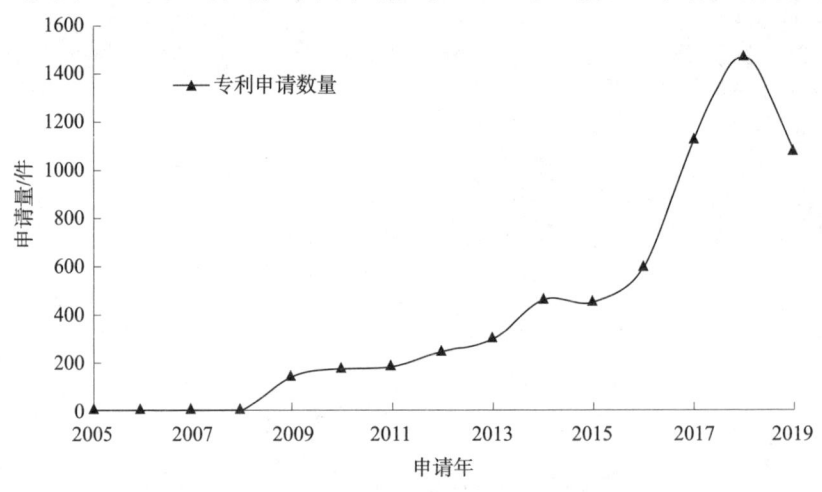

图 4-4　中国申请人在俄专利数量与时间趋势

行专利布局，2009年至2016年呈缓慢增长趋势，2016年申请量达到600余件。2017年之后，随着中俄经贸合作规模稳步扩大，质量持续优化，中国申请人在俄罗斯境内的专利布局随着贸易脚步持续加速。受专利制度公开时间影响，图4-4中统计数据相对滞后，2019年中俄双边贸易额再创新高，此后中国申请人在俄罗斯的专利申请持续增加。

4.2 专利申请技术分布状况

4.2.1 中国在俄罗斯专利申请技术分布状况

如图4-5所示，从专利技术分布的角度看，中国申请人在俄罗斯境内布局的专利主要集中在通信技术领域，涉及专利技术包括无线通信网络（H04W）、数字信息传输（H04L）、图像通信（H04N）、信号传输（H04B）、电话通信（H04M）。另外，在电数字数据处理（G06F）、医药（A61K、A61P）、有机化学（C07D、C07C）技术领域也有较多的专利布局。

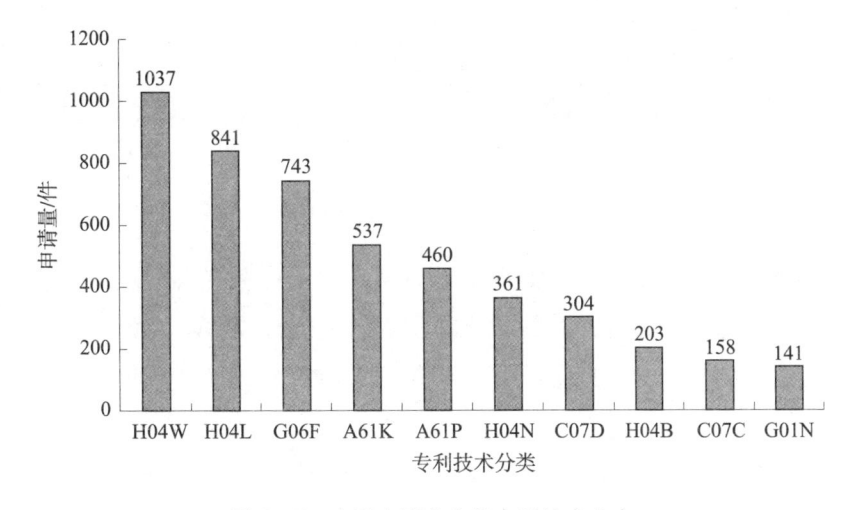

图4-5 中国申请人在俄专利技术分布

结合中国申请人在俄布局专利的技术分类与商品分类情况（表4-1）可以看出，机电产品相关专利共计3818件（涉及136个IPC分类号/小类），占中国申请人在俄专利布局总量的54.06%，与产品出口额占比基本一致；在出口额比较大的化工产品、运输设备、光学/计量/医疗设备领域，也有与之匹配度较高的专利布局；虽然贱金属机制品、纺织品及原料以及杂项制品领域的出口额也比较大，但是由于这些领域出口产品与原材料本身特性有关，独立的技术成果少，所以专利布局量也较少。因此，中国对俄罗斯的产品出口和中国申请人在俄罗斯的专利布局整体上是基本保持一致的。

表4-1 中国申请人在俄专利与商品分类对应情况

海关分类	商品类别	相关专利量	专利量占比（%）
第16类	机电产品	3818	54.06
第6类	化工产品	1129	15.99
第18类	光学、计量、电影、乐器、医疗设备	541	7.66
第17类	运输设备	314	4.45
第20类	杂项制品	120	2.63
第15类	贱金属及制品	120	1.7
第1~3类	农林畜牧	35	0.5
第4类	食品、饮料、烟草	43	0.61
第11类	纺织品及原料	22	0.31
第12类	衣帽鞋等	17	0.24
第10类	纸制品	3	0.04
无	其他	834	11.81

如前文所述，由于机电产品的出口额最大，其中又以电话机/发送或接受声音、图像用设备、自动数据处理设备及部件、电热设备、监视器/投影仪、阀门产品、传声器、变压器等为主，而电话机/发送或接受声音、图像用设备出口额占比最大，达到24.3%，其次是自动数据处理设备及部件，出口额占比达到14.7%，其余机电产品出口额占比总计60%。反观机电产品领域的专利技术分布，电通信其他技术专利共占比达到57%，计算/推算/计数技术专利占比为17%，机电产品领域的专利技术占比26%。由

此可见，占据机电产品出口额 24.3% 的电话机产品却拥有机电产品领域 57% 的专利，而占据机电产品出口额 60% 的电热设备、监视器/投影仪、阀门产品、传声器、变压器等产品只拥有机电产品领域 26% 的专利。再结合在俄进行专利布局的主要申请人名单可以看出，通信领域的中国申请人较为重视通过专利布局保护相关产品；而电热设备、监视器/投影仪、阀门产品、传声器、变压器等领域专利布局较少，产品出口多，使得专利布局强度不足以为产品行销保驾护航。（如图 4-6 所示）

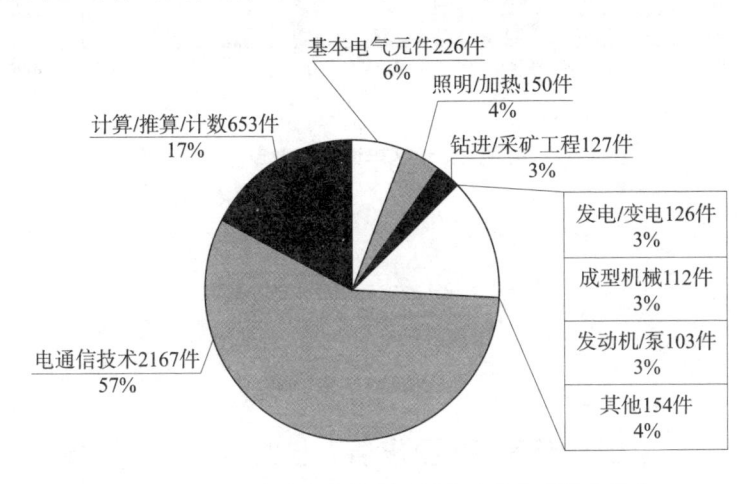

图 4-6　中国申请人在俄专利机电产品专利技术分布

4.2.2　中国北京地区申请人在俄专利申请技术分布状况

从图 4-7 可以看出，中国北京地区的申请人在俄罗斯境内布局的专利数量主要分布在数据测量、计算和通信领域，专利数量排名前十的技术类别中有 3 类属于 G06（计算/推算/计数），4 类属于 H04（电通信技术），其余 3 类分别是催化作用或胶体化学及其有关设备（B01J）、高分子产品（C08F）和指示器的控制装置（G09G）。

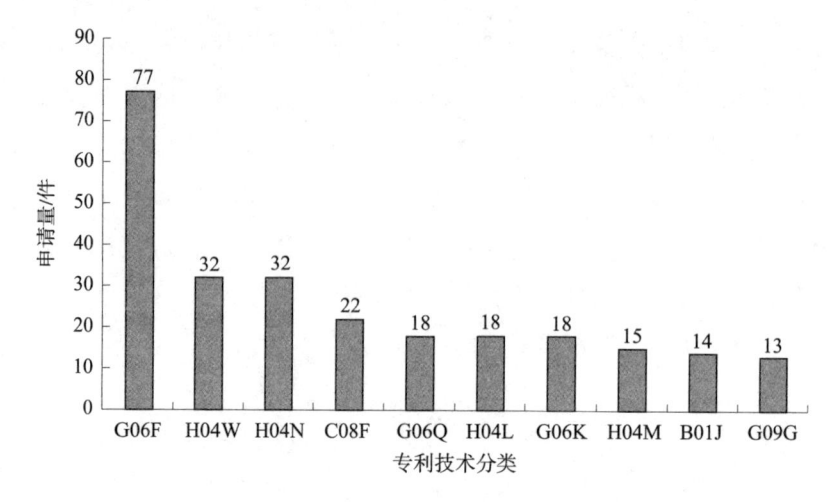

图 4-7 中国北京地区申请人在俄专利技术分布

4.3 主要申请人状况

4.3.1 中国在俄罗斯主要申请人状况

华为公司是在俄罗斯境内申请专利数量最多的中国申请人，申请量达到1400余件，小米公司、中兴公司紧随其后，申请量分别超过900件和500件。其余申请人中，专利申请量较多的分别是中石化公司、腾讯公司、TCL公司、中国矿业大学、清华大学、中国中车公司、步步高公司，但其申请量均不超过200件。（如图4-8所示）

中国创新主体早期在俄罗斯的专利保护主要集中在通信领域，华为早在2005年就开始在俄罗斯进行专利布局，至今仍然保持一定的技术输出力度。中兴同样较早开始关注俄罗斯市场，但专利布局主要集中在2015年之前，近年来在俄专利布局脚步放缓。小米在俄罗斯的专利布局主要集中在2014—2016年，这期间的专利申请数量超过其在俄专利布局总量的80%。能源行业的巨头——中石化公司，持续关注俄罗斯市场，其与华为同期开展俄罗斯市场的专利布局，但年申请量维持在10件以下，布局规模不大。中

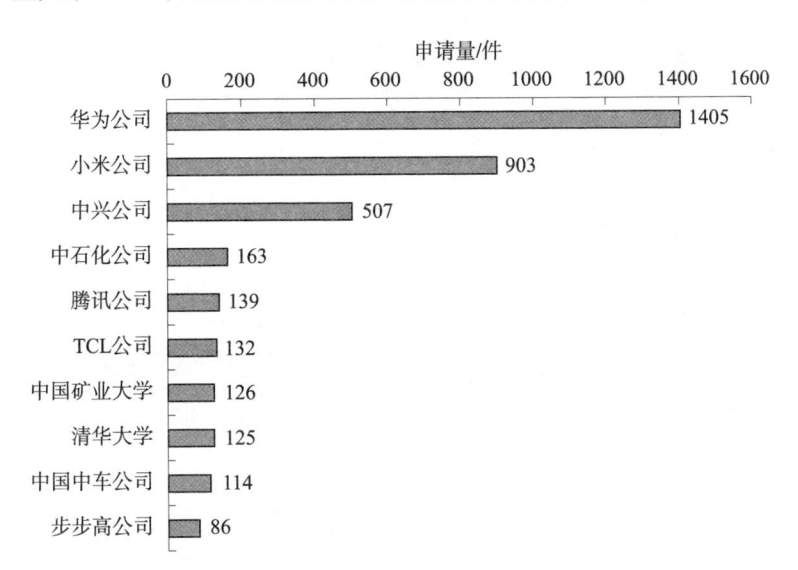

国矿业大学 2013 年之后开始进行俄罗斯境内的专利布局。（如图 4-9 所示）

图 4-8　在俄专利排名前十的中国申请人

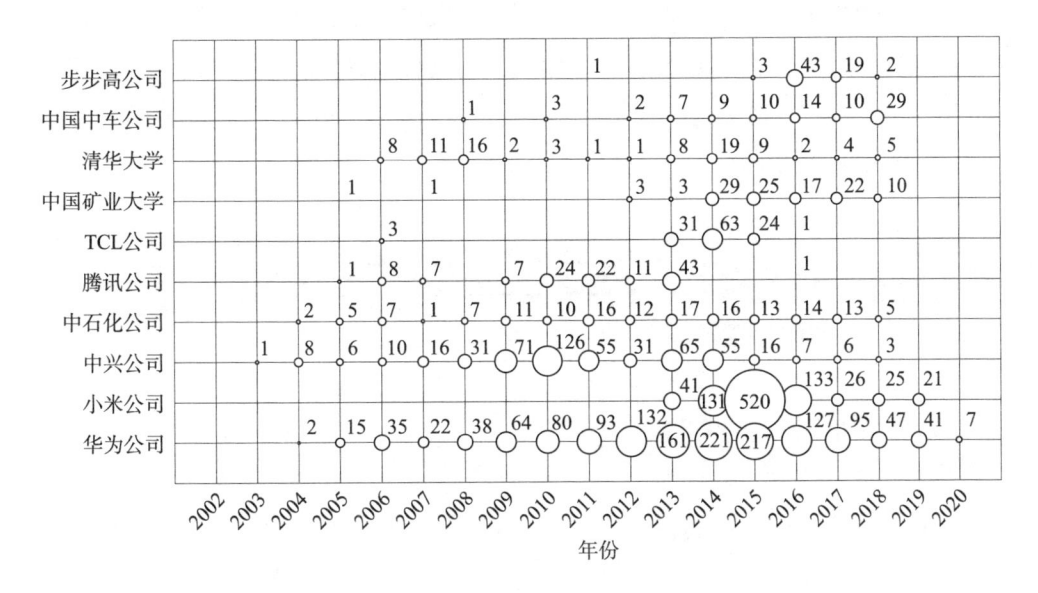

申请量/件，各公司数据如下：
- 华为公司：1405
- 小米公司：903
- 中兴公司：507
- 中石化公司：163
- 腾讯公司：139
- TCL公司：132
- 中国矿业大学：126
- 清华大学：125
- 中国中车公司：114
- 步步高公司：86

图 4-9　中国申请人在俄专利布局时间趋势

基于对中国申请人在俄罗斯布局专利的中国同族专利进行分析，在俄罗斯进行专利布局的中国申请人主要为广东省和北京市的企业。这表明广东省和北京市企业，特别是知名企业不仅注重中国本土市场的专利布局，

69

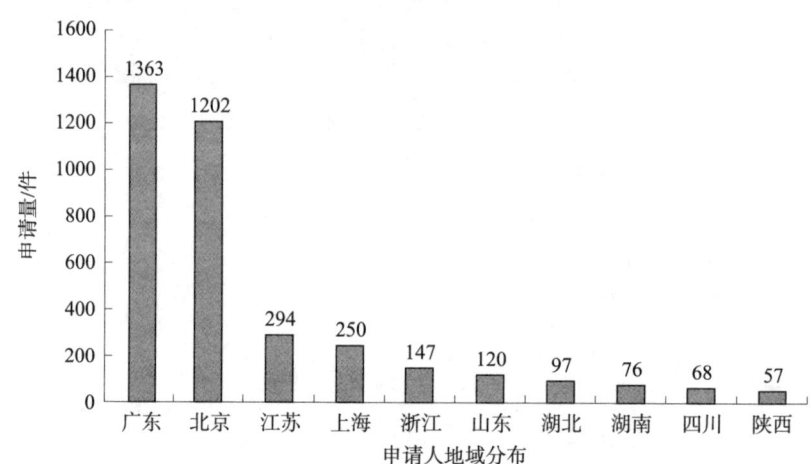

而且善于利用专利布局手段赢得海外市场竞争。具体如图4-10所示。

图 4-10　在俄专利中国申请人来源省份

中国北京地区的企业中，小米在俄罗斯境内申请专利数量最多，总量达到 150 余件。其余专利数量较多的分别是京东公司、中石化公司、乐视信息科技公司、华石联合公司、大北农公司、仁创科技公司、搜狗科技公司、乐卡汽车公司、乐视体育公司。需要说明的是，图 4-11 中集团公司旗下不在北京市的不计入统计。

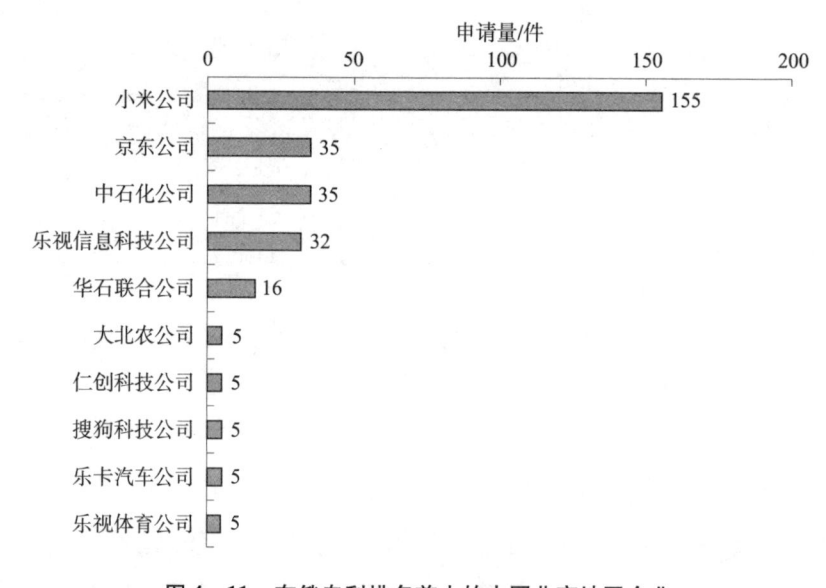

图 4-11　在俄专利排名前十的中国北京地区企业

中石化公司是最早在俄罗斯境内申请专利的北京企业，专利产出持续至今，但数量不多。京东公司在 2013 年之后开始进行俄罗斯专利布局，而乐视信息科技公司、小米公司（北京业务）、华石联合公司则在 2016 年后才开始关注俄罗斯市场，小米公司已迅速成为北京地区在俄专利布局数量最多的创新主体。具体如图 4-12 所示。

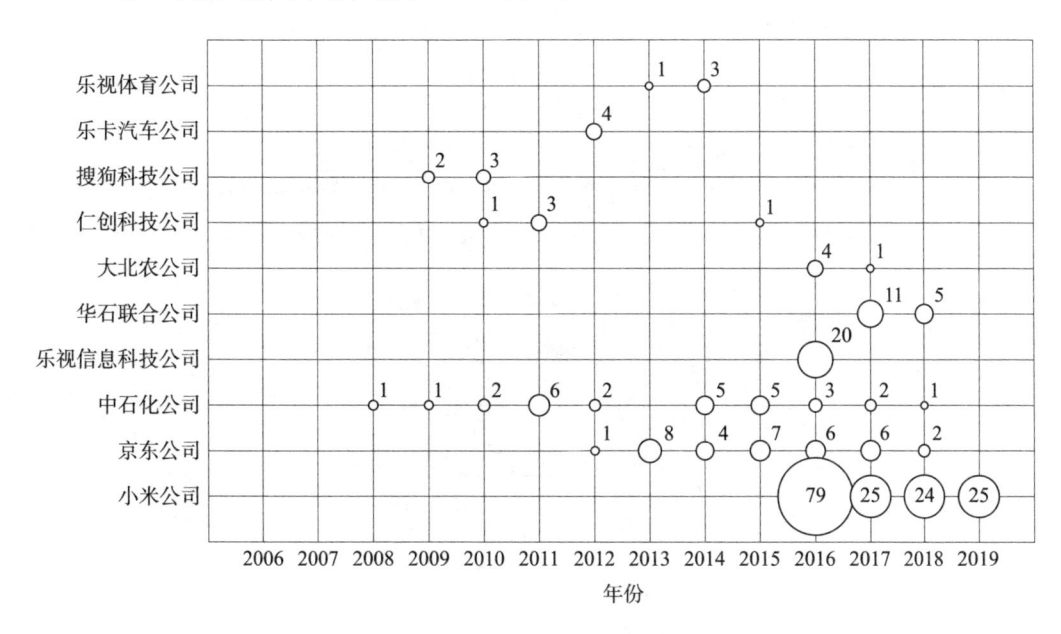

图 4-12 中国北京地区企业在俄专利布局时间趋势

4.3.2 机电领域俄罗斯专利主要申请人状况

总体来看，俄罗斯本土申请人占据机电领域申请人前十榜单的 4 席，其余 6 席分别来自美国、德国、荷兰和法国。美国的福特汽车公司和通用电气公司进入榜单，其中福特汽车公司进入俄罗斯市场较早，但近年来逐渐退出俄罗斯市场，专利数量主要集中在 2010 年之前；通用电气公司则在俄罗斯一路顺风顺水，近年来与俄罗斯合作建设多座发电厂，专利产出也持续至今。德国的西门子公司和博世公司进入榜单，俄罗斯家电产品逐渐依赖进口，而博世公司的家电产品近年来在俄罗斯受到追捧，逐渐扩大产能，相关专利布局数量也超过1600件，足以证明博世开拓俄罗斯市场的决心和准备；西门子公司作为电力行业的全球领导者，在俄罗斯这样的能源大国也是投入颇多，近年来逐渐开发俄罗斯境内的风电、发电设备等业务，相关专利布局数量超过2600件，成功进入专利申请排名前五。荷兰的飞利浦公司和法国的赛峰集团作为机电领域国际巨头，同样关注俄罗斯市场，两家跨国企业均进入俄罗斯机电领域申请人排名前五。（如图4-13所示）

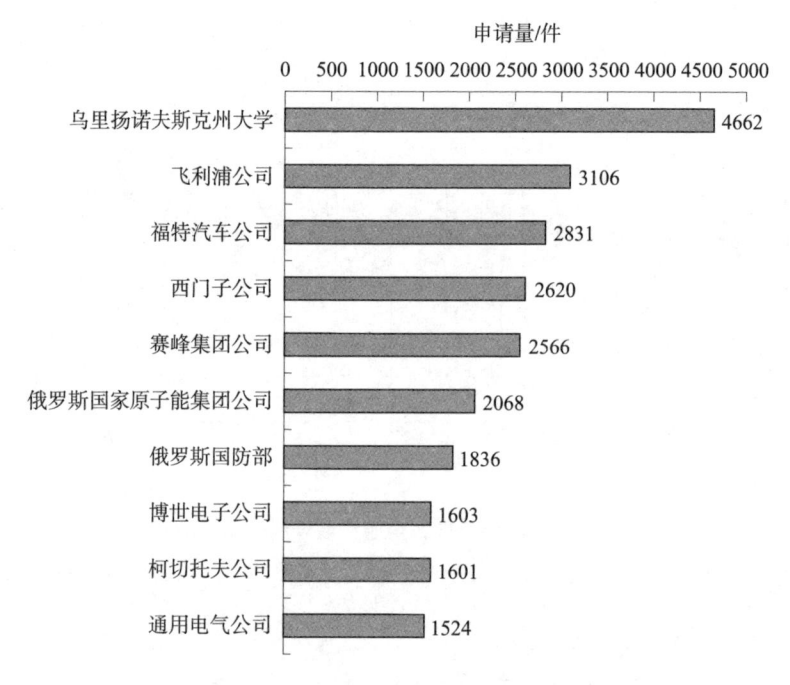

申请人	申请量/件
乌里扬诺夫斯克州大学	4662
飞利浦公司	3106
福特汽车公司	2831
西门子公司	2620
赛峰集团公司	2566
俄罗斯国家原子能集团公司	2068
俄罗斯国防部	1836
博世电子公司	1603
柯切托夫公司	1601
通用电气公司	1524

图4-13　俄罗斯机电领域排名前十申请人

据俄罗斯海关数据统计，机电领域是俄罗斯进口额最大的领域，其中超过总额的1/3从中国进口。据中国海关数据统计，中国向俄罗斯的出口产品中机电领域也是主要类别。但从图4-14中我们不难看出，机电领域的中国申请人在俄罗斯的专利储备并不多，专利数量最多的三家企业是小米公司、华为公司、清华同方公司，大部分企业在俄罗斯布局的专利数量在200件以下。

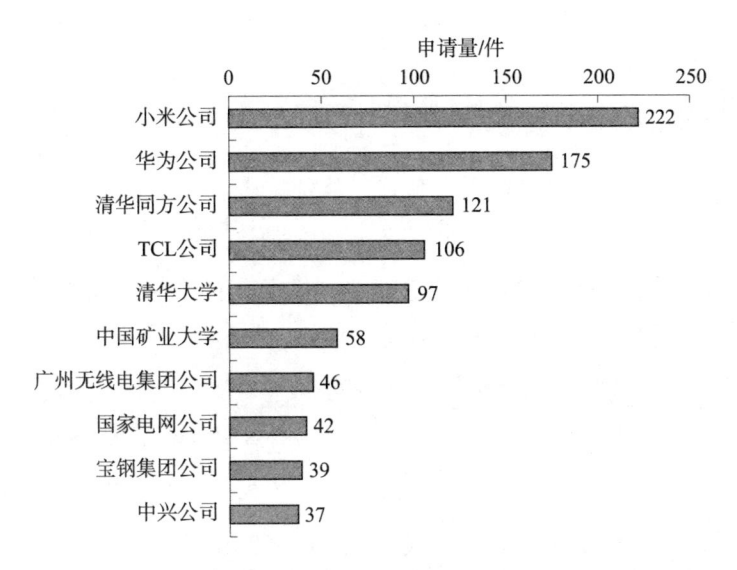

申请人	申请量/件
小米公司	222
华为公司	175
清华同方公司	121
TCL公司	106
清华大学	97
中国矿业大学	58
广州无线电集团公司	46
国家电网公司	42
宝钢集团公司	39
中兴公司	37

图 4-14　俄罗斯机电及汽车领域排名前十中国申请人

4.4　专利竞争格局及专利布局建议

4.4.1　中国创新主体在俄专利储备

截至目前，中国已经连续 11 年成为俄罗斯的最大贸易伙伴，在"一带一路"倡议下，中俄两国积极寻求新思路及方法，推动两国贸易向更高层次发展。然而 2016 年之前，中国创新主体在俄罗斯境内的专利年申请总量仍在 600 件以下。虽然近 3 年的年申请量有所提升，突破 1000 件，但相比其他国家创新主体在俄罗斯专利布局情况，仍然有不小差距。

建议中国企业对出口额较大的相关产品加强专利布局、注重量质齐升，提升企业核心竞争力，例如机电产品类；外围技术相关的专利布局以量带动质，为中国企业开拓俄罗斯市场，进一步扩大生产规模，制定海外战略规划奠定坚实的基础。暂不具有市场竞争优势的中小企业可以着重布局一定数量的外围技术相关专利。

4.4.2 出口产品与专利的对应情况

中国申请人在俄罗斯境内专利布局数量排名靠前的两个技术类别是无线通信和数据传输，排名前十的技术类别中通信领域占据 5 席，其余的几个类别则分别属于医药和有机化合物类。通信类的专利布局主要由华为、小米等涉及通信工具的民营企业掌握。

电热设备、显示设备等传统机电产品的出口额占比高，但相关的专利数量却不多，专利布局强度不足以为产品行销保驾护航；生物医药领域的专利申请量不少，但出口额并不多。

建议传统机电、生物医药领域企业积极交流在俄专利布局经验，加强专利工作方面的交流学习，结合自身行业特点选择在适合的产业阶段开展专利布局，遵循"产品未动，专利先行"的布局方针，提高专利保护意识，科学布局。

4.4.3 专利布局短期策略

中国创新主体早期在俄罗斯的专利保护主要分布在通信、化工领域，以华为、中兴、中石化三家企业为代表。2014 年之后，其他领域的中国创新主体才开始逐步关注俄罗斯市场，目前专利申请虽然呈增长趋势，但专利布局时间较晚，大多数申请仍然处于审查中，保护力度有限，难以支撑近年来持续扩大的出口产品在俄罗斯境内保持竞争优势。

建议产品输出步伐较快的企业尽早开展专利信息调研，尤其是专利储备薄弱的企业，可以优先考虑选择实用新型专利进行保护，充分利用俄罗斯专利制度中对于这类申请的审查效率，尽早获得有效保护，缩短保护真空期，尽量避免因为专利工作的滞后失去竞争优势。

第五章 俄罗斯著作权及邻接权制度概况

5.1 俄罗斯著作权制度的主要内容

俄罗斯民法典中规定，对科学、文学和艺术作品的智力劳动成果统称为著作权。

5.1.1 著作权的客体

著作权的客体是科学、文学和艺术作品，不论其作品的品质和意义，以及其表现形式：文学作品；戏剧和音乐戏剧作品、剧本；舞蹈作品和哑剧；有文本或者无文本的音乐作品；视听作品；绘画、雕刻、素描艺术、工艺艺术设计、连环画、连环漫画作品和其他造型艺术作品；观赏应用和舞台艺术作品；建筑、城市建筑和花园/公园艺术作品，包括草图、平面图、造型和模型；摄影作品和类似于摄影方式的作品；地图、地质图和属于地理学、地形学和其他科学的图、表、草图和造型作品；其他作品。

著作权的客体也包括被作为文学作品保护的计算机软件；派生作品，即对其他作品的再加工作品；汇编作品，即体现了收集和整理材料的创造性劳动成果的作品。

著作权可以包括已经发表的作品和虽未发表但体现为某种客观形式的作品，例如书面的、口头的形式（公开演讲、公开表演以及其他类似形式)、造型形式、声音或者录像资料形式、体积空间形式。著作权涉及作品的各部分、作品的名称、作品中的人物，只要根据其特点，它们可以被确认为作者的独立创造性劳动成果的，属于著作权的客体。

以下不属于著作权的客体：

（1）国家机关和自治市组织的地方自治机关的官方文件，包括法律、其他规范性文件、法院判决、其他立法、行政和司法材料、国际组织的官方文件及其官方译本；

（2）国家象征物和标志（国旗、国徽、勋章、货币标志和类似物）以及自治市组织的象征物和标志；

（3）没有作者的民间创作（民间文学）作品；

（4）对具有专门信息性的事件和事实的报道（每日新闻报道、电视节目单、运输工具运行时刻表和类似物）。

著作权不涉及思想、概念、原则、方法、程序、体系、方式、技术、组织或其他任务的解决方案、发现、事实、程序语言。

科学、文学、艺术作品的专有权包括：

（1）在俄罗斯联邦境内发表的或者虽未发表但以某种客观形式存在于俄罗斯联邦境内，且作者（或其权利承继人）不考虑其国籍的作品；

（2）在俄罗斯联邦境外发表或者虽未发表但以某种客观形式存在于俄罗斯联邦境内，且其作者为俄罗斯联邦公民（或其权利承继人）的作品；

（3）在俄罗斯联邦境外发表或者虽未发表但以某种客观形式存在于俄罗斯联邦境外，且依照俄罗斯联邦参加的国际条约承认在俄罗斯联邦境内的其他国家的公民和无国籍人为作者（或其权利承继人）的作品。

作品如果自第一次在俄罗斯联邦境外公布后，30日之内又在俄罗斯联邦境内公布，则在俄罗斯联邦的公布也视为首次发表。依照俄罗斯联邦参加的国际公约在俄罗斯联邦境内向作品提供保护时，作品的作者或者其他最初的权利持有人依照作为著作权产生依据的法律事实发生地所在国家的法律确定。依照俄罗斯联邦参加的国际条约在俄罗斯联邦境内向作品提供保护，不因作品产生国国内规定对该作品专有权的效力期限届满而成为该国的公共财富，且不因俄罗斯民法典规定的对该类作品的专有权的效力期限届满而成为俄罗斯联邦的公共财富的作品实施。依照俄罗斯联邦国际条约对作品提供保护时,对该作品在俄罗斯联邦境内的专有权效力期限不得超过作品产生国国内规定的专有权效力期限。

对其他(原作)作品的译文和其他再加工的作品的著作权属于译者以及其他派生作品(整理作品、拍成电影、改编成乐曲、改编成戏剧或者其他类似作品)的作者。通过收集和整理材料(汇编行为)而形成的作品的著作权属于文集的汇编者和其他构成作品的作者(文选、百科全书、数据库、地图册或者其他类似作品),数据库是以客观形式体现的被体系化的独立的材料的综合,以便使这些材料可以用于电子计算机查找和整理。

译者、汇编者或者其他派生作品或者汇编作品的作者行使自己的著作权,必须遵守被用以创作派生作品或者汇编作品的作者的权利。对译者、汇编者和其他派生作品或者汇编作品的作者的著作权作为独立的著作权客体予以保护,独立于对构成该派生作品或汇编作品的作者权利的保护。被收录于文集或者其他汇编作品的作者有权不依赖于汇编作品而使用自己的作品,与汇编作品的创作者的合同另有规定的除外。译文、文集、其他派生作品或者汇编作品的著作权并不阻碍他人翻译或者再加工原作以及通过其他的收集和整理此类材料创作自己的汇编作品。

百科全书,百科辞典,定期性和连续性的学术文集、报纸、杂志和其他定期出版物的使用权属于其出版人。出版人有权在该出版物的任何使用中指明自己的名称或者要求指名。被纳入该类出版物的作者或者其他专有权的持有者,可独立于出版社和他人对该类出版物的整体的使用权而为自己保留权利,专有权被主动移转或者依照其他法定的依据移转的情形除外。

5.1.2 著作权的主体

科学、文学或者艺术作品的作者是以其创造性劳动创作了作品的公民。如果没有相反证明,则在作品的原件或者副本上署名的就是作者。

通过共同的创造性劳动创作了作品的公民,无论该作品是一个不可分割的整体，还是可以分出多个具有独立意义的部分，都视为共同作者。共同创作的作品由共同作者共同享有，他们之间的协议另有规定的除外。该作品构成一个不可分割的整体时，任何一个共同作者在没有足够的理由时都无权禁止他人使用该作品。对于可以独立于其他部分使用的作品的一部分，则该具有独立意义的部分，可以由其作者依照自己的意愿使用，共同作者之间的协议另有规定的除外。每个共同作者都有权独立采取保护自己权利的措施，包括共同作者创作的作品为一个不可分割的整体时。

以下权利属于作品的作者：

（1）作品专有权；

（2）作者地位权；

（3）作者姓名权；

（4）作品的不可侵犯权；

（5）作品发表权；

（6）职务作品使用报酬权、撤销权、追索权，造型艺术作品的接近权也属于作品的作者。

作者的地位权，即作品作者的权利。作者的姓名权包括在自己的姓名下、在虚构的名字（笔名）下或者不署名（匿名）下使用和允许使用作品的权利，不可剥夺且不得转让，包括移转作品专有权给他人以及向他人提供作品使用权时，放弃这些权利的行为无效。

匿名或者笔名公布作品时（作者的笔名并不构成对其身份的怀疑的情形除外），其姓名或者名称在作品中被指出的，出版人在没有相反证据时视为是作者的代理人，而且以此身份享有保护作者权利的权利，并且保障其实现。该规定直到该作品的作者不再隐藏自己的身份并且宣布自己的作者地位之前一直有效。

未经作者允许不得对其作品进行修改、删减和补充，不得在使用时给作品添加图画、前言、后记、注释或者任何说明。在作者死后使用作品时，对作品享有专有权的人可以在不歪曲作者原意的条件下对作品进行修改、删减或者补充，但是不得侵犯对作品理解的完整性，也不得违反作者在其遗嘱、信件、日记或者其他书面形式中明确表达的意愿。

损害作者的名誉、尊严或者颠倒、歪曲商业信誉或者其他改变作品的行为，如同侵扰行为，法律赋予作者保护自己的名誉、尊严或商业信誉的请求权。在此情况下按照利害关系人的请求，允许在作者死后保护作者的名誉和尊严。

作者的地位权、作者的姓名权和作品的不可侵犯权受永久保护。作者有权依照指定遗嘱执行人程序，指定在其死后承担保护作者地位、作者姓名和保护作品完整权的人。该人终生履行自己的权利。在缺乏该类指定或者被作者指定的人拒绝履行相应的权利以及在该人死后，保护作者地位、作者姓名和保护作品完整权由作者的继承人、权利承继人和其他利害关系人行使。

发表自己作品的权利，即有权实施行为。通过公布、公开展示、公开表演、无线或者有线播放或者任何其他方式，使作品首次成为全体公众可获得资料的行为的权利，属于作者。此时发表是指将作品的复制本以任何物质形式，以足够满足公众合理需求的数量的印本进行流通。

依照合同将作品移转给他人使用的作者视为同意发表该作品。作者生前没有发表的作品，如果发表不违背作品作者以书面形式（在遗嘱、信件、日记或者类似形式中）明确表达的意愿，则可以在其死后由对作品拥有专有权的人发表。

作者有权在赔偿作品专有权获得者的损失或者向其提供该作品的使用权的条件下，撤销自己以前作出的发表作品的决定（即撤销权）。如果作品已经发表，则作者有义务公开使人知道自己的撤销。此时作者有权在赔偿损失后，禁止以前印行的印本流通，此项规则不适用于计算机软件、职务作品以及构成复合客体的作品。

5.1.3　计算机软件著作权

计算机软件著作权对可以体现为任何语言和任何形式的包含了原始文档和源代码的各种计算机软件（包括操作系统和软件集成）的著作权予以文学作品著作权的保护。计算机软件是以客观形式体现的用于计算机运行和其他为获取特定结果的计算机装置运行的数据和命令的综合，包括在计算机软件开发过程中获取的准备性材料和其所产生的视听影像。

权利持有人在计算机软件或者数据库专有权有效期间，可以按照自己的意愿将该软件或者数据库在联邦知识产权管理机构进行登记，包含构成国家秘密资料的计算机软件和数据库不得进行国家登记。提出国家登记申请的人依照俄罗斯联邦的立法，对泄露包含构成国家秘密的资料的计算机软件和数据库承担责任。

一个计算机软件和数据库国家登记申请应当针对一个计算机软件或者一个数据库。登记申请应当包括：

（1）计算机软件或者数据库的国家登记申请，并记载权利持有人及其信息，前提是作者不拒绝公开其姓名及住址。

（2）证明计算机软件或者数据库的存储材料，包括摘要。

（3）证明支付了国家规定数额的费用或者存在免除支付费用、降低其数额、延期支付的理由的文件。

登记申请的办理规则由负责知识产权规范性法律调整的俄罗斯联邦管理机构制定。依据登记申请负责知识产权事务的联邦机构审查必备的文件和材料是否齐备，是否符合俄罗斯民法典中对软件著作权的基本要求。在审查结果通过时，联邦知识产权管理机构就将计算机软件或者数据库相应地载入计算机软件登记簿和数据库登记簿，向申请者颁发国家登记证书并在该机构的官方公报上公布已经登记的计算机软件或数据库的信息。作者或者其他权利持有人有权按照联邦知识产权管理机构的要求或者自己主动在官方公报公布信息之前补充、确认和修改包含在登记申请中的文件和材料。

计算机软件和数据库国家登记的程序、国家登记证书的格式及其规定的资料清单和负责知识产权事务的联邦机构官方公报上公布的资料的清单，由负责在知识产权领域进行规范性法律调整的联邦机构规定。

转让已经登记的计算机软件或数据库的专有权的合同，或无须合同将软件或数据库的专有权转让给他人，都应当在负责知识产权事务的联邦机构中进行国家登记。载入计算机软件登记簿或者数据库登记簿中的信息，视为可靠的信息，有相反证明的除外。申请人对提交国家登记的资料的真实性负责。

以下情形，合法占有计算机软件复制件或者数据库复制件的人（使用者）有权无须征得作者或者其他权利持有者的同意且无须额外支付报酬：

（1）对计算机软件或者数据库进行以使其在使用者的技术设备上运行为目的的修改，且可实施为依照其目的而运行该软件或者数据库的必要行为，包括在（一台计算机或者网络使用者的）计算机内存中记录和保管；如果与权利持有人的合同没有不同规定，则也可以更正明显的错误。

（2）制作计算机软件或者数据库副本，条件是该副本只能用于档案目的或者出于在该复制件丢失、毁损或者不宜使用时替换合法购买的复制件的目的。此时计算机软件或者数据库副本不得用于其他与上述规定不同的目的，且当占有该软件或者数据库不再合法时即应当销毁。

合法占有计算机软件的人有权无须征得权利持有人的同意，也无须额外支付报酬而复制和重组源文件中的客观密码（反编写计算机软件）或者委托他人实施该类行为。如果出于使电子计算机程序的合法占有人独立编制的电子计算机程序能与正在编码的程序兼容之必要，须遵守以下条件：

（1）为达到相兼容所必要的信息且之前该人不能通过其他来源获得；

（2）上述行为仅仅对被反编写的计算机软件达到相互兼容所必需的部分实施；

（3）反编写所取得的信息只能是为了独立开发的计算机软件与其他软件的相互兼容而使用，不得移转给他人，但为使独立开发的计算机软件与其他软件相兼容所必要的情形除外。也不能用于开发类型与被反编写的计算机软件实质相同的计算机软件，或者用于实施其他的侵害计算机软件专有权的行为。

5.1.4 其他特殊作品

5.1.4.1 视听作品

视听作品是由固定的、相互之间有关联的（伴有声音或者没有声音）系列图像构成的，且通过相应的技术设备用以观看和（在伴有声音时）收听的作品。视听作品包括了电影作品以及所有的通过类似电影体现的作品（电视剧和录像及其他类似作品），固定形式的变化不影响作品的成立。

视听作品的作者包括：总导演、剧本的作者、作为专为该视听作品创作的（有文本或者无文本的）音乐作品的作者（即作曲者）。

在公开演出或者通过无线或者有线播放视听作品时，作为在视听作品中使用的（有文本或者无文本的）音乐作品作曲者保留对其音乐作品的上述种类使用的报酬权。视听作品的制作人，即组织创作该作品的人（制片人）的权利。制作人有权要求在任何该视听作品的使用中指出自己的姓名、名称。没有相反证据时，视听作品的制作人信息视为其姓名或者名称在该作品上的一般展示形式。

每个被列入视听作品的构成部分的作品，无论是以前就存在（作为电影剧本基础的作品的作者及其他人），还是在为此工作的过程中创作的（摄影师、美工和其他），其作者都保留对自己作品的专有权，但该专有权已经移转给制作人或者其他人的或者按照法律规定的其他依据已经移转给制作人或者其他人的情形除外。

5.1.4.2 官方文件、象征物和标志的草案

官方文件的草案包括该文件的官方译文草案以及官方象征物和标志的草案的作者地位权，属于创作了相应草案的人（起草人）。

官方文件、象征物和标志的草案的起草人有权公布该草案，前提是它不被制定草案的国家机关、自治市地方自治机构或者国际组织所禁止，在公布草案时，起草人有权指明自己的姓名。官方文件、象征物和标志的草

案可以由国家机关、地方自治机构或者国际组织无须征得起草人的同意而为准备相应的官方文件、制作象征物或者标志所使用，前提是该草案已经由起草人为使该机构或者组织使用而公布，或者被起草人发送给相应的机构或者组织。

在依据相应的草案准备官方文件、制作官方象征物或者标志时，可以根据准备官方文件、制作官方象征物或者标志的国家机构、地方自治机构或者国际组织的意愿对之进行补充和修改。在国家机构、地方自治机构或者国际组织的草案被正式审议通过后，可以无须指明起草者的姓名而使用草案。

5.1.4.3 职务作品

在对雇员（作者）规定的劳动义务范围内创作的科学、文学或者艺术作品（职务作品）的著作权属于作者。如果雇主和作者之间的劳动合同或者其他合同没有不同规定，则职务作品的专有权属于雇主。如果雇主在自职务作品提交给他支配之日起3年内没有开始使用该作品，也没有将该作品的专有权移转给他人或者也没有通知作者作品处在保密中，则职务作品专有权属于作者。如果雇主在规定的期限内开始使用职务作品，或者将其专有权转让给他人，则作者享有补偿权。即使雇主作出将职务作品保密并因此没有在上述期限内开始使用该作品，作者也取得上述补偿权。补偿的数额、雇主支付补偿的条件和程序由雇主和雇员之间的合同规定，有争议的由法院裁决。当职务作品专有权属于作者时，雇主有权以该职务工作的目的所决定的方式使用该作品，而且在该工作所允许的范围内也可以发表该作品，雇主和雇员之间的合同另有规定的除外。此时作者以在该职务工作的目的之外的方式使用作品的权利，以及尽管是以符合工作的目的的方式，但是在雇主工作的范围之外使用作品的权利不受限制。雇主在使用职务作品时，可以指出自己的姓名、名称或者要求指出自己的姓名、名称。

当计算机软件或者数据库是根据以其创作作为标的物的合同而产生时，则对该软件或者数据库的专有权属于定作人，承揽人（履行人）和定作人之间的合同另有规定的除外。计算机软件或者数据库的专有权属于定作人的，承揽人（履行人）有权在整个专有权效力期限内为了自己的需要在无偿的简单（非排他性）许可的条件下使用该软件或者数据库，合同另有规定的除外。依照承揽人（履行人）和定作人之间的合同，软件或者数据库专有权属于承揽人（履行人）的，定作人有权在整个专有权效力期间内，为了自己的需要在无偿的简单（非排他性）许可的条件下使用该软件或者该数据库。依照定作创作的计算机软件或者数据库作者不享有该软件或者数据库的专有权的，专有权人应该给予作者补偿。

如果计算机软件或者数据库是在履行没有直接规定创作计算机软件或者数据库的承揽合同或者完成科研、试验建造或者技术工作合同时创作的，则该软件或者数据库的专有权属于承揽人（履行人），承揽人（履行人）和定作人之间的合同另有规定的除外。在此情况下如果合同没有不同规定，则定作人有权在整个专有权效力期限内，为实现所签订的合同欲达成的目的，在简单（非排他性）许可的条件下使用因此所创作的软件或者数据库而无须支付额外报酬。在承揽人（履行人）将计算机软件或者数据库专有权移转给他人时，定作人保留对软件或者数据库的使用权。此时，作者享有补偿权。当依照承揽人（履行人）和定作人之间的合同计算机软件或者数据库的专有权移转给定作人或者其指定的第三人时，承揽人（履行人）有权在整个专有权效力期限内，为了自己的需要在无偿的简单（非排他性）许可条件下使用其所创作的软件或者数据库，合同另有规定的除外。

依照国家或者自治市契约，为国家或者自治市的需要而创作的科学、文学或者艺术作品的专有权，属于作为作者或者其他国家或者自治市契约的履行人的执行者。契约中有单独约定的，从其约定，该权利属于作为国家或者自治市定作人的俄罗斯联邦主体，俄罗斯联邦主体作为共有执行人的除外。

如果依照国家或者自治市契约，科学、文学或者艺术作品的专有权属于俄罗斯联邦、俄罗斯联邦主体或者自治市组织，则执行人为了将全部权利移转给俄罗斯联邦、俄罗斯联邦主体和自治市组织，必须通过与自己的雇员和第三人签订相应的合同以取得全部的权利或者保证取得全部权利。

此时执行人对为了向第三人取得相应权利而支出的费用享有赔偿权，雇员享有补偿权。

如果依照国家为国需的或者自治市为自治市需的契约而创作的科学、文学或者艺术作品的专有权，不属于俄罗斯联邦、俄罗斯联邦主体或者自治市组织，权利持有人依照国家或者自治市定作人的要求必须为了国需或自治市需向它们所指定的人提供对相应科学、文学或者艺术作品的无偿的简单（非排他性）许可的使用。

如果依照为国需的国家契约或者为自治市需的自治市契约所创作的科学、文学或者艺术作品专有权，属于执行人与俄罗斯联邦共有、执行人与俄罗斯联邦主体共有或者执行人与自治市组织共有，则国家或者自治市定作人有权在通知执行人后为了国家需要或者自治市需要而无偿提供对该科学、文学或者艺术作品的简单（非排他性）使用。

5.1.5 作品专有权

以任何不违反法律的方式使用作品的专有权属于作品的作者或其他权利持有人，权利持有人可以处分作品的专有权。权利持有人为了使公众知晓属于他的对著作的专有权，有权使用著作权保护标志，著作权保护标志放置在每一个作品的复制件上而且由以下要素构成：

（1）一个拉丁字母，例如"C"；

（2）权利持有者的姓名或者名称；

（3）作品第一次公布的时间。

如果已经合法公布的作品的原件或者复制件通过出售或者其他转让行为在俄罗斯联邦境内进入市场流通，则作品的原件或者复制件的进一步的传播无须征得权利持有人的同意，也无须向他支付报酬，作品公开拍卖的情况除外。

作品专有权在作者整个生存期间，以及从作者死亡次年 1 月 1 日起 70 年内有效。共同创作作品的专有权在共同作者的整个生存期间和最后一个存活作者死亡次年 1 月 1 日起 70 年内有效。匿名发表或者以笔名发表的作品，其专有权期限自其合法发表的次年1月1日起70年届满。如果在上述期限内匿名或者以笔名发表作品的作者披露了自己的身份或者其身份将不再有疑问时，专有权将适用于之前规定的期限。在作者死后发表的作品专有权，自其发表的次年的1月1日起70年内有效，条件是作品在作者死后的70年内被发表。如果作品的作者被迫害且在其死后恢复了名誉，则著作权的效力期限视为延长，且70年是从作品的作者被恢复名誉的次年的1月1日起算。如果作者在卫国战争期间服务或者参与了卫国战争，则专有权效力期限延长4年。

使用作品的行为主要包括：

（1）复制作品，即以任何物质形式，包括以声音或者可视资料形式制作一个或者多个作品或部分的复制品，制作二维作品的一个或者多个三维复制件和制作三维作品的一个或者多个二维复制件。此时作品在电子载体上的记载，包括在计算机存储中的记载，也视为复制；但该记载只是暂时的，且构成了工艺流程不可分割的实质部分，而该工艺流程以合法利用作品记录或合法向公众公布作品为唯一目的，则不属于使用作品。

（2）通过出售或者其他转让原件或者复制件的方式传播作品。

（3）公开展示作品，即任何形式的直接的或者借助于胶片、幻灯片、电视镜头或者其他技术手段在屏幕上展示原件或者复制件的行为，以及在开放公众自由造访的地方或者在大量不属于通常的家庭范围的人员在场的地方直接地或者借助于技术手段不遵守其连贯性而展示视听作品的某些镜头的行为，不考虑作品在其展示地或者在同时展示作品的其他地方被复制。

（4）为传播目的而进口作品的原件或者复制件。

（5）出租作品的原件或者复制件。

（6）公开表演作品，即以生动的表演或者借助于技术手段（广播、电视或者其他技术手段）展现作品，以及在开放公众自由造访的地方或者在大量不属于通常的家庭范围的人员在场的地方展示（伴有声音或者没有伴音）视听作品，不考虑作品在其表演地或者展示地或者在同时表演和展示作品的其他地方被复制。

（7）无线播放，即为使公众知悉而通过广播或者电视（包括转播方式）而播放，但有线播放的情形除外。此时播放是指任何使作品可以收听和（或）观看的行为，无论公众在事实上是否接收。在通过卫星无线播放时，无线播放是指从地面卫星站接收信号并从卫星上转发信号，以此作品可以为公众所知悉，无论公众在事实上是否接收。加密信号播放，如果解密设备是由无线广播组织或者经其同意向不受限制的范围的人提供的，则视为无线播放行为。

（8）有线播放，即借助电缆、电线、光波或者类似手段通过广播或者电视（包括通过转播）使作品成为公众可知悉的行为。加密信号播放，如果解密设备是由有线广播组织或者经其同意的人向不受限制的范围提供的，则视为有线播放。

（9）作品的译文或者其他再加工。此时作品的再加工被理解为创作派生作品（整理、改编成乐曲，改编成剧本和类似作品）。对计算机软件或数据库的再加工（改变形态）包括从一种语言向另一种语言翻译该软件或者对该数据库的任何变更行为，但适应行为即专为计算机软件或者数据库使用者具体的技术设备运行或者为管理使用者具体软件而进行的修改的情形除外。

（10）建筑、工艺艺术设计、城市建筑或者花园/公园设计的实际应用。

（11）使作品让任何人在任何地方和任何时候都可以自己选择公开方式。

5.1.5.1 合理使用

允许公民专为个人目的（非商业目的），无须征得作者或者其他权利持有人同意，也无须支付报酬而复制已经合法发表的作品，以下情形除外：

（1）复制以建筑物或者类似构筑物形式的建筑作品；
（2）复制数据库或者其实质性部分；
（3）复制计算机软件，合法持有副本的情形除外；

（4）对书（全部）和乐谱的翻印；

（5）对在开放公众自由造访的地方或者大量的非属于通常的家庭范围的人员在场的地方公开放映的视听品进行录像；

（6）借助于不以在家庭条件下使用的职业化设备复制视听作品。

允许无须征得作者或者其他权利持有人的同意也无须支付报酬，但须指明其所使用的作品的作者姓名和引用的来源：

（1）在原文和译文中出于科学、论证、批判或者信息的目的在符合引证目的的范围内引用合法发表的作品，包括以发表综述的形式复制报纸文章或者杂志文章的片段；

（2）在符合所提出的目的的范围内使用合法发表的作品及其中的片段作为教学性质的出版物、广播和电视节目、录音和录像中的图画；

（3）该复制或者播放不为作者或者其他权利持有人所特别禁止的情况下，转载、无线或者有线报道在报纸和杂志上合法发表的有关当前经济、政治、社会和宗教问题的文章或者无线播放此类作品；

（4）在符合信息目的的范围内转载、无线或者有线报道公开进行的政治谈话、呼吁、报告和其他类似作品，此时为此类作品的作者保留在文集中发表的权利；

（5）为使公众了解每日事件概况而在符合信息目的的范围内用摄影、摄像手段，复制、无线或者有线报道在此类事件的进程中可以看到或者听到的作品；

（6）非营利的以凸出浮点铅字或者其他专门方法为盲人复制合法发表的作品，专门为此类复制方式而创作的作品除外。

图书馆提供已经合法进入市场流通的作品的复制件以供暂时无偿使用时，则允许此种使用无须征得作者或者其他权利持有人同意且无须支付报酬。此时包括依照图书馆资源互借程序，由图书馆提供的用于暂时无偿使用的以数字形式体现的作品复制件，只能在图书馆内部提供，且须遵守排除制作该作品的数字形式副本可能性的条件。

在合法发表的文学、音乐或者以其他滑稽模仿手法、讽刺漫画手法创作的（原创性）作品基础上，创作作品和使用该滑稽模仿作品或者漫画讽刺作品，无须征得作者和其他原创作品专有权持有人的同意，且无须向其支付报酬。

允许在唯一的复制件中非营利性地翻印，且无须征得作者或者其他权利持有人同意也无须支付报酬，但必须指出被使用作品作者的姓名和借鉴的来源：

（1）已经合法发表的著作，图书馆和档案馆为了恢复、替换已经遗失或者损坏作品的复制件，以及为了向由于某种原因导致在自己的馆藏中丧失了该作品的其他图书馆提供作品的复制件；

（2）已经合法在论文集、报纸和其他定期出版物中发表的单篇文章和小型作品或简短片段；

（3）图书馆和档案馆根据公民的请求出于教学或者科学目的以及教育机构出于准备教学目的使用的作品。

翻印（复制）被理解为借助于非出于出版目的的技术手段对作品真迹的复制。翻印并不导致以电子的（包括数字的）、光电的或其他的机器阅读形式对作品复制件或者其副本的保管，借助于专为从事翻印的技术手段制作临时副本的情形除外。

允许无须征得作者或者其他权利持有人的同意且无须支付报酬而复制、无线或者有线播放永久性地处在开放自由造访地方的摄影作品、建筑作品或者造型艺术作品，但以此作品的造型作为该复制、无线或者有线播放的主要对象或者作品的造型用以商业目的的情形除外。

允许无须征得作者或者其他权利持有人同意且无须支付报酬而在官方节日或者宗教节日上公开表演音乐作品，其数量应符合该仪式的性质。

允许无须征得作者或者其他权利持有人同意且无须支付报酬而在符合该目的的范围内为审理行政违法案件、进行调查、预审或者进行诉讼程序而复制作品。

无线广播组织有权为了短期使用该作品而不经作者或者其他权利持有人同意，且无须额外支付报酬；而对该组织已经取得了无线播放权的作品进行录制，该录制必须是由无线广播组织借助于自己的设备，并且是为了自己的转播而进行的。如果没有与权利持有人协定或者法律没有规定更长的期限，则组织有义务在自其制作之日起 6 个月内销毁该录制品。如果该录制品具有专门的文件性质，则可以无须征得权利持有人的同意而保存于国家或者市档案馆。

5.1.5.2 转让合同和约稿合同

依照作品专有权转让合同，作者或者其他权利持有人全部移转或者有义务全部移转属于他的作品专有权给该权利的取得人。

出版许可合同。依照作者或者其他权利持有人与出版人即承担了出版作品义务的人签订的提供作品使用权的合同，被许可使用人有义务在不迟于合同规定的期限内开始使用作品。在没有履行该义务时，许可使用人有权撤销该合同并且无须赔偿因此而给被许可使用人造成的损失。

合同中缺乏具体的开始使用作品的期限时，该使用应当在该类作品和其使用方式通常的期限内开始。该合同可以由许可使用人按照民法典规定的理由和程序解除。

约稿合同。依照向作者约稿的合同，一方（作者）有义务按照他方（约稿人）的约稿合同约定，在对应的物质载体上创作完成科学、文学或者艺术作品。如果双方的协议没有约定将作品交给约稿人暂时使用，则作品的物质载体归约稿人所有。向作者约稿合同中，如果双方的协议没有无偿规定，则视为有偿创作。向作者约稿合同可以规定将应当由作者创作的作品的专有权移转给约稿人，或者在合同规定范围内向约稿人提供对该作品的使用权。在向作者约稿合同规定应当将作者创作的作品的专有权移转给约稿人时，则该合同适用民法典的专有权转让合同的相应规则，从合同的约定中可以得出不同结论的除外。

向作者约稿合同规定创作的作品应当在合同规定期限内交付约稿人，没有规定履行期限或者不能确定履行期限的合同视为未签订。如果双方的协议没有规定更长的宽限期，则当向作者提醒合同履行期限已到，必要时和对完成作品创作存在正当理由时，应赋予作者时限为合同规定履行期限的 1/4 的额外宽限期限。宽限期限届满，约稿人有权单方撤销向作者约稿合同。约稿人也有权在合同规定的履行期限届满时直接撤销合同。如果合同在期限届满前没有履行,应从其条款中可以得知,在违反合同履行期限时约稿人就丧失了对合同的利益。

如果合同没有规定作者的最低责任限度,则作品专有权转让合同和许可使用合同的作者的责任限度为给他方造成的实际损害。在作者承担责任的向作者约稿合同没有履行或者没被适当履行的情况下,作者必须向约稿人返还预付款;如果合同规定了违约金,则也应向约稿人支付违约金。此时上述给付的总额限度为给约稿人造成的现实损害的数额。

5.1.6 著作权的保护

著作权保护的技术手段,为任何监督对作品的模仿、预防或者限制未经作者或者其他权利持有人的许可对作品实施剽窃行为的技术、技术装置或者其组成部分。

不允许对作品实施下列行为:

(1) 未经作者或者其他权利持有人许可,而实施旨在消除通过使用著作权保护的技术手段而设立的对作品的使用限制的行为;

(2) 制作、传播、出租、提供临时的无偿使用、进口、广告等任何技术、手段或者其组成部分,为获取利润而使用该类技术手段或者提供相应服务,如果此类行为使得使用技术手段保护著作权成为不可能,或者该类技术手段将不能保障对上述权利的适当保护。

违反此项规定时,作者或者其他权利持有人有权要求加害人赔偿损失或者支付补偿。作品专用权被侵犯时,作者或者其他权利持有人在使用民法典规定的其他可适用的保护方式和责任措施的同时,有权依照赔偿规定,按照自己的选择,要求加害人支付补偿金以替代赔偿损失;也可以由法院依据赔偿标准来确定,法院的裁量范围为10000~5000000卢布;作品复制件可以参考价值的双倍或者在可比情况下合法使用作品通常所收取的价格的双倍来确定。

法院可以禁止被告或者有足够的理由认为被告是侵犯著作权的人,确认其将侵犯著作权的作品进入市场流通而实施的特定行为(包括制造、复制、出售、出租、进口或者其他民法典规定的使用以及运输、保管或者占有）。

法院可以对所有被认定为侵犯著作权的作品的复制件实施扣押，也可以对用以或者将用以制造或者复制的材料和设备实施扣押。调查或者侦查机构取得足够的关于侵犯著作权的证据时，必须采取措施搜查和扣押被认为侵犯著作权的作品的复制件，以及用于或者将用于制造或者复制上述作品复制件的材料和设备，包括在必要的情况下采取没收并交付责任人保管的措施。

5.2 邻接权

对表演活动（表演）成果、唱片、无线或者有线播放的广播和电视节目（无线和有线播放组织的节目）、数据库的内容，以及对在其成为公共财富后首次发表的科学、文学和艺术作品的专有权，为与著作权相邻的权利，即邻接权。专有权属于邻接权，在民法典规定的情况下人身非财产权利也可以属于邻接权。

邻接权的客体是：

（1）演员——表演者和指挥家、戏剧导演——总导演的表演，如果这些表演体现为允许借助技术手段进行复制和传播的形式；

（2）唱片，即任何专门对表演的声音记录或者其他的声音或者表现的记录，在视听作品中的声音记录除外；

（3）无线或者有线播放组织播放的节目，包括该无线或者有线广播组织自己制作的或者其出资订购的其他组织制作的节目；

（4）数据库，保护构成数据库材料内容不被非法提取和重复使用的部分；

（5）在其成为公共财富后首次发表的科学、文学和艺术作品，在保护公布该作品的权利部分。

邻接权的产生、实施和保护不需要对其客体进行登记或者遵守任何其他的形式。在俄罗斯联邦境内依照俄罗斯联邦加入的国际条约，在其本国内制作的表演、唱片、无线或者有线广播组织播放的节目，不因在该国所规定的对该类客体的专有权效力期限届满而成为公共财富，也不因民法典规定的专有权效力期限届满而成为公共财富提供邻接权客体保护。

唱片制作人和表演者以及其他唱片或者表演的专有权持有人，有权为了使人周知属于他的专有权而使用邻接权保护标志，它被置于每个唱片原件或者复制件上，且在每一个包含唱片的包装上，由三个要素构成，例如圆圈中的拉丁字母、专有权持有人的姓名或者名称、唱片首次公开的年份。此时唱片复制件是指直接或者间接地从唱片中制作的且包含了固定在该唱片中的全部或部分声音及其在任何物质载体上的副本。声音表现是指为了将其转换为听觉可以接受的形式，需要使用相应的技术手段的数字形式的体现。

依照邻接权客体专有权转让合同，一方——唱片表演者、制作人，无线或者有线播放组织，数据库的制作人，科学、文学或者艺术作品的公开者或者其他权利拥有者移转或者有义务移转自己对相应的邻接权的客体给另一方——专有权的获得者。

按照许可合同，一方——唱片表演者、制作人，无线或者有线播放组织，数据库的制作人，科学、文学或者艺术作品的公开者或者其他权利拥有者（许可人）提供或者有义务向另一方（被许可人）在合同规定的范围内提供对相应的邻接权客体的使用权。

5.2.1 表演权

表演者（表演的作者）是以其创造性劳动进行表演的公民，包括：演员——表演者（演员、歌唱家、音乐家、舞蹈家和其他的扮演角色、诵读、朗诵、歌唱、演奏乐器或者其他方式参与文学、艺术或者民间创作作品，包括游艺节目、杂技节目和木偶剧表演的人）以及戏剧导演——总导演（对剧院、杂技、木偶、游艺或者其他剧院文娱表演进行组织的人）和指挥家。

共同表演邻接权属于参与表演的表演者集体的成员（演员、剧中的乐队和表演者集体的其他成员）共同拥有，无论该表演是否构成一个不可分割的整体或者由每个具有独立意义的要素构成。共同表演邻接权由表演者集体的负责人行使，表演者集体负责人缺位时，由表演者集体的成员共同行使，他们之间的协议另有规定的除外。如果共同表演构成了一个不可分割的整体，则表演者集体的任何一个成员没有足够的理由都无权禁止对它的利用。共同表演中可能独立于其他要素而使用的要素，即具有独立意义的要素，可以由其表演者根据自己的意志使用，表演者集体成员之间的协议另有规定的除外。表演者集体成员之间分配共同表演的收入应该分给所有权利持有人，表演者集体成员之间的协议另有规定的除外。表演者集体的每个成员都有权自主采取措施保护自己的共同表演邻接权，包括该表演构成一个不可分割的整体的情形。

表演者享有下列权利：

（1）对表演的专有权；

（2）作者地位权——被确认为表演的作者的权利；

（3）署名权——在唱片的复制件上和其他使用表演的情况下指明自己的名字或者艺名的权利，无论这种表演是一个整体的还是由每个具有独立意义的元素组成，作品的使用特点排除了指明表演者的名字或者表演者集体的名称的情形除外；

（4）表演的不可侵犯权——保护表演免受任何歪曲的权利，即免于对录音、无线或者有线节目进行歪曲表演的意义或者破坏对表演的理解的整体性的修改的权利。

表演者的作者地位、姓名和表演的不可侵犯性受永久保护。表演者有权按照指定遗嘱执行人的程序，指定承担在自己死后保护自己的姓名和表演的完整性不受侵犯的人，继承人的该项权利没有期限。没有该类指定或者被表演者指定的人拒绝行使相应的权利以及该人死后，对表演者的姓名和表演的不可侵犯性的保护由其继承人、权利承继者和其他利害关系人行使。

表演的使用是指：

（1）无线播放，即通过广播或者电视（包括转播）向公众播放，但通过有线电视传送除外。此时播放应指使表演成为听觉和（或者）视觉理解可获得的行为，无论公众是否实际上接收了它。在通过卫星无线播放节目时，播放应指从地面卫星站接收信号和从卫星传送信号，使表演可以被传送给公众的过程，无论公众是否实际接收。

（2）有线播放，即通过借助于电缆、电线、光波或者类似手段（包括转播）的广播或者电视传送向公众播放表演。

（3）记录表演，即借助于技术手段以某种物质形式固定声音和（或者）图像或者其映像，使得可以对它们进行多次理解、复制或者播放。

（4）复制表演记录，即制作一份或多份唱片或者其部分的复制件。此时在电子载体中的表演记录，包括在计算机中储存的记录，也应视为复制。该记录为临时的且构成了以合法使用记录或者合法向公众播放表演为唯一目的，作品实质性包含在技术上不可分割的部分中除外。

（5）通过出售或者其他方式的转让原件或者任何物质载体上的该记录的拷贝的复制件。

（6）对表演记录实施上述无线播放、有线播放过程的行为。

（7）向公众传送表演记录，使得任何人在任何地方和任何时间都可以按照自己的选择获得对表演记录的接收（向公众传送）。

（8）公开表演记录，即任何借助于技术手段在开放公众造访的地方或者在相当数量的不属于通常的家庭范围内的人在场的地方播放记录，无论在其播放地或者其他的播放地记录是否被复制。

（9）出租表演记录的原件或者复制件。

表演专有权不适用于记录是经过表演者同意而复制的，且对该记录的复制、无线或者有线播放或者公开表演是表演者在记录表演时同意的目的范围内进行的情形。与表演者签订视听作品创作合同时，表演者对使用表演的同意推定为视听作品的构成部分。表演者对固定在视听作品中的声音或者构思的单独使用的同意应当直接体现在合同中。

表演专有权在作者生前终生有效，但不得少于自表演、表演记录实施或者表演被无线或有线播放的次年1月1日起50年。如果表演者被迫害且在其死后被恢复了名誉，则专有权期限视为延长，且50年自表演者被恢复名誉的次年1月1日起算。如果表演者在卫国战争期间服务或者参加了卫国战争，则专有权效力期限延长4年。

唱片制作人是发起倡议并为最初的表演录音或者为其他声音录音或者为这些声音的记录承担责任的人。在没有其他证据的情况下，唱片制作人是名字或者名称以通常方式在唱片复制件和其包装上指明的人。

唱片制作人拥有下列权利：

（1）唱片专有权；

（2）在唱片复制件和其包装上指明自己的名字或者名称的权利；

（3）保护唱片在被使用时免受歪曲的权利；

（4）唱片发行权，即通过发布、公开展示、公开表演、无线或者有线播放或者其他方式使唱片首次可为公众获得的行为的权利。此时发布（面市）是指经制作人允许将唱片复制件以足以满足公众合理需求的数量投入市场流通。唱片制作人的权利的确认和生效独立于著作权和表演者的权利的存在和效力。在唱片复制件和（或）其包装上指明自己的姓名或者名称的权利以及保护唱片免受歪曲的权利，作为唱片制作人的公民的终生或者作为唱片制作人的法人终止之前有效并受保护。

以任何不违反法律的方式使用唱片的专有权（唱片专有权）属于唱片制作人。唱片制作人可以处分唱片专有权。使用唱片是指：

（1）公开表演，即任何借助于技术手段在开放公众自由造访的地方或者在大量不属于通常的家庭范围的人存在的地方播放唱片，无论在播放地或者其他同时播放唱片的地方唱片是否被接受。

（2）无线播放，即通过广播或者电视（包括转播方式）为使公众可知而播放唱片，但有线播放除外。此时播放是指使得唱片成为听觉理解可获得的行为，而无论公众是否实际上接收了它。通过卫星无线播放，指从卫星地面站接收信号并从卫星转发信号，以此使得唱片为公众可知，无论公众是否实际接收。

（3）有线播放，即为使公众可知且通过广播或者电视借助于电缆、电线、光波或者其他类似手段（包括转播）。

（4）向公众传送唱片，即使得任何人在任何地方和任何时间可以按照自己的选择获得唱片（向公众传送）。

（5）复制，即制作一份或者数份唱片或者唱片中的部分复制件。此时，在电子载体上包括在计算机中储存的唱片或者唱片的部分的记录也视为复制，该记录为临时的且构成了以合法使用记录或者合法地向公众传送唱片为唯一目的的，作品实质性包含在技术上不可分割的部分除外。

（6）通过出售或者其他方式转让原件和任何物质载体上的唱片的拷贝的复制件传播唱片。

（7）为传播目的进口唱片的原件或者复制件，包括经权利持有人许可制作的复制件。

（8）出租唱片的原件和复制件。

（9）对唱片进行再加工。

公开表演为商业目的已经发布的唱片，以及通过无线或者有线播放唱片，无须征得唱片专有权持有人和固定在该唱片中的表演专有权的持有人的同意，但应当支付报酬。

唱片专有权在50年内有效，自该记录录制的次年1月1日起算。发布唱片的专有权在50年内有效，该唱片是在其录制后50年内发布的，自其发布的次年1月1日起算。唱片专有权在规定期限的剩余时间范围内移转给唱片制作人的继承人和其他权利承继人。唱片专有权在其效力期限届满后即成为社会财富。

以下情况在俄罗斯联邦境内有效：

（1）唱片制作人是俄罗斯联邦公民或者俄罗斯法人；

（2）唱片是在俄罗斯联邦境内发布或者其复制件最初是在俄罗斯联邦境内公开传播；

（3）俄罗斯联邦加入的国际条约规定的其他情况。

5.2.2 无线与有线广播组织权

通过无线或者有线播放广播或电视节目（声音、图像或者其他表现的总和）的法人为无线或者有线广播组织。

合法地使用正在或者已经通过无线或者有线播放节目的专有权（广播或者电视节目播放专有权）属于无线或者有线播放组织。无线或者有线播放组织可以处分对广播或者电视节目播放专有权。

使用广播或者电视节目播放是指以下情形：

（1）广播或者电视节目播放记录，即将声音、图像或者其表现借助于技术设备固定在某种物质载体上，使得可以进行多次接收、复制或者播放。

（2）广播或者电视节目播放记录复制，即制作一个和多个广播或者电视节目播放记录或者其部分的复制件。此时在电子载体上包括在计算机中储存的广播或者电视节目播放记录也视为复制。该记录为临时的且构成了以合法使用记录或者合法向公众传送广播或者电视节目为唯一目的的技术程序不可分割部分的情形除外。

（3）通过出售或者其他方式转让广播或者电视节目播放记录的原件或者复制件传播广播或者电视节目。

（4）转播，即一个无线或者有线播放组织在从其他该类组织接收广播或者电视节目播放的同时，也通过无线（包括通过卫星）或者通过有线播放该节目。

（5）以使任何人在任何地点和任何时间都可以按照自己的选择获得广播或者电视节目播放的方式向公众传送广播或者电视节目。

（6）公开表演，即任何借助于技术手段在付费进入的地方播放广播或者电视节目，无论它在播放地或者其他同时播放的地方是否被接收。

无线播放组织的节目，无论是无线转播，还是有线播放，都视为对广播或者电视节目播放的使用。有线播放组织的节目，无论是有线转播，还是无线播放，都视为对广播或者电视节目播放的使用。无线或者有线广播组织的权利的确认和生效独立于著作权、表演者权以及对唱片享有的权利的存在和生效。

广播或者电视节目播放专有权在 50 年内有效，自通过无线或者有线播放广播或者电视节目次年 1 月 1 日起算。广播或者电视节目播放专有权在 50 年期限的剩余时间范围内移转给无线或者有线播放组织的权利承继人。

广播或者电视节目播放专有权在其效力期限届满后即成为社会财富。

如果无线或者有线播放组织在俄罗斯联邦境内有住所地且是借助位于俄罗斯联邦境内的发射机进行播放的，则广播或者电视节目播放专有权在俄罗斯联邦境内有效。

5.2.3　数据库制作者权

组织建立数据库和从事收集、加工及编排构成数据库的材料的人是数据库的制作者。没有相反证据时，数据库的制作者是姓名或者名称以通常方式在数据库复制件和（或）其包装上指明的公民或者法人。

数据库制作人拥有以下权利：

（1）数据库制作者专有权；

（2）在数据库复制件和（或）其包装上指明自己的姓名或者名称的权利。

数据库制作者专有权：以任何形式和任何方式从数据库中抽取材料并对其进行连续使用的专有权（数据库制作者专有权），属于其建立（包括加工或者提供相应材料）需要的实质性的财务、物质、组织和其他花费的数据库的制作者。数据库制作者可以处分上述专有权。没有相反证据时，其内容包含了不少于10000个独立信息元素（材料）的数据库视为其建立需要实质性花费的数据库。任何人未经权利持有人许可无权从数据库中抽取材料并对之进行连续使用，民法典另有规定的除外。此时抽取材料指借助于任何技术手段和以任何形式将数据库的全部内容或者其构成材料的实质性部分转换为其他的信息载体。

数据库制作者专有权的确认和生效，独立于数据库制作者和其他人对构成数据库的材料以及对作为复合作品的整个数据库的著作权和其他专有权的存在和效力。合法使用数据库的人出于个人的、科学的、教育的和其他的非商业目的，在符合上述目的的范围内且不侵犯数据库制作者和其他人的著作权，有权无须权利持有人许可而从该数据库中抽取材料并对之进行连续使用。对不限定范围的人使用从数据库中所抽取的材料应当同时指明该材料所来源的数据库。

数据库制作者专有权自数据库创立完成时产生，且自该数据库创立次年 1 月 1 日起 15 年内有效。在上述时期内发布的数据库制作者专有权自数据库发布次年 1 月 1 日起 15 年内有效。

数据库制作者专有权以下情况下在俄罗斯联邦境内有效：

（1）数据库制作者是俄罗斯联邦公民或者俄罗斯法人。

（2）数据库制作者是外国公民或者外国法人时，其条件是相应的外国立法在其境内赋予俄罗斯联邦公民或者俄罗斯法人作为数据库制作者以专有权保护。

（3）如果数据库的制作者是无国籍人，则根据该人是在俄罗斯联邦境内或是在外国拥有住所地，相应地适用对待俄罗斯联邦公民或者外国公民的上述规定。

（4）俄罗斯联邦加入的国际条约规定的其他情况。

5.2.4　科学、文学或者艺术作品的公布者权

公布者是合法地发布或者组织发布以前没有发布的和已经成为社会财富的或者由于不受著作权法的保护而拥有社会财富中的科学、文学或者艺术作品的人。公布者权，包括民法典规定可以作为著作权客体的作品，并不依赖其创作完成的时间。

公布者享有以下权利：

（1）对所发布著作的专有权；

（2）在所发布著作的复制件上或者其他被使用的情形中，包括在翻译或者对著作进行其他再加工时，指明自己姓名的权利。

在公布者以译本或者其他再加工形式发布时，作品公布者专有权在作品中也被承认。作品公布者专有权的承认和生效，独立于公布者和其他人对译本或者其他作品的再加工的著作权的存在和效力。

作品公布者专有权自该作品发布时产生，且在自该作品发布的次年 1 月 1 日起 25 年内有效。

公布者专有权包含以下情形：

（1）在俄罗斯联邦境内发布的，无论其公布者国籍；

（2）俄罗斯联邦公民在俄罗斯联邦境外发布的；

（3）外国公民或者无国籍人在俄罗斯联邦境外发布的，条件是作品发布地的立法在其境内同样赋予作为俄罗斯联邦公民的公布者专有权保护；

（4）俄罗斯联邦加入的国际条约规定的其他情况。

如果在使用作品时，权利持有人违反了民法典对作者地位、作者姓名或者作品的不可侵犯性的保护的要求，则作品公布者专有权可以按照利害关系人的起诉依照诉讼程序提前终止。

拥有公布者专有权的被转让作品所有权人转让作品原件（手稿、绘画、雕塑或者其他类似作品原件）时，如果合同没有相反规定，该专有权移转给作品原件取得者。如果作品公布者专有权没有移转给作品原件取得者，则取得者有权无须征得公布者专有权持有人的同意，以合法方式使用作品原件。如果依照本条发布的作品原件或者复制件以买卖或者其他转让方式合法地进入了市场流通，则原件或者复制件的进一步传播无须征得公布者的同意也无须向他支付报酬。

5.3　中俄著作权制度主要差异

俄罗斯是典型的采用"作者权利主义"进行著作权立法的国家。"作者权利主义"是指以作者权利的确认和保护为立法初始的考察核心，以公平保护作品的作者、出版者和其他使用者的权利为价值判断的一种立法观念。在关于作者这个问题上，"创作作品的自然人系作者"。这是典型的不承认自然人之外的法人或团体可以是作者的法律。大陆法系国家基本采用了此种立法模式。

我国著作权法的作者，一般情况下是创作作品的公民。特殊情况下，法人或其他组织可以被视为作者。将法人视为作者，有学者认为可能产生以下歧义：一是法人作者的认定，不光意味着法人或其他组织可以成为原始的著作权人，而且法人或其他组织可以享有完整的著作权，也就是享有包括署名权、发表权、修改权、保护作品完整权等全部人身权在内的著作权。二是法人作者的作品保护期为发表后 50 年，这与自然人作者的作品保护期为有生之年加死后 50 年形成立法逻辑缺陷。三是在司法实践上，将法人视为作者的作品，容易与自然人创作的归法人所有的"职务作品"产生混淆。

第六章　俄罗斯商标制度概况

6.1　企业名称权

作为商业组织的法人在民事流转中，以自己在设立文件中规定的并且在法人国家登记时载入统一法人登记簿的企业名称进行活动。法人企业名称应当包含对其法律组织形式和法人自身名称的界定，不能只由表示活动类型的词语构成。法人应当拥有完整的俄语企业名称，也有权拥有缩略的俄语企业名称。法人也有权使用完整的和（或）缩略的俄罗斯联邦各民族语言和（或）外国语的企业名称。俄语的和俄罗斯联邦各民族语言的法人企业名称，可以包含俄语拼音形式或者俄罗斯联邦各民族语言形式的外来语词，体现法人法律组织形式的术语和缩写词除外。

法人企业名称中不得包括如下内容：

（1）完整的或者缩略的外国国家的官方名称，以及从这些名称中派生的词语；

（2）完整的或者缩略的俄罗斯联邦权力机构、俄罗斯联邦主体权力机构和地方自治机构的官方名称；

（3）完整的或者缩略的国际组织和政府间组织的名称；

（4）完整的或者缩略的社会组织名称；

（5）违反社会利益以及人道和道德原则的符号。国有单一制企业的企业名称可以包含对该企业属于俄罗斯联邦和俄罗斯联邦主体的归属的界定。

依照俄罗斯联邦政府规定的程序颁发的许可，可以将俄罗斯联邦或俄罗斯的官方名称，以及从该名称中派生的词语纳入法人名称。在撤销将俄罗斯联邦的官方名称以及从该名称中派生的词语纳入股份公司企业名称的许可时，法人有义务在3个月内对自己的章程作相应的修改。

企业名称专有权：以任何不违反法律的方式，包括在招牌、表格、账簿和其他文件、公告和广告、商品或者其包装上使用自己的企业名称作为区别经营者标识的专有权属于法人。缩略的企业名称以及使用俄罗斯联邦各民族语言或外国语言的企业名称，在其载入统一法人登记簿的条件下享有企业名称专有权的保护。

不允许（包括转让或者向他人提供企业名称使用权）处分企业名称专有权。不允许法人使用与其他法人的企业名称相同的或者相似以致混淆的企业名称，如果上述法人都从事类似活动而且后一个法人的企业名称比前一个法人的企业名称更早地载入统一法人登记簿，违反规定的法人有义务按照权利持有人的要求，在与权利持有人所从事的活动类型相同的活动中终止使用与权利持有人的企业名称相同或者相似以致混淆的企业名称，并赔偿给权利持有人造成的损失。

企业名称专有权自法人国家登记之日起产生，且自由于法人终止或者其企业名称变更导致企业名称从统一法人登记簿中删除之日起终止。

企业名称或者其个别要素可以被权利持有人用于其所属的商业标记。被纳入商业标记的企业名称独立于商业标记的保护而受到保护。企业名称或者其个别要素可以被权利持有人用于其所属的商标和服务标记。被纳入商标或者服务标记的企业名称独立于商标或者服务标记而受到保护。

6.2 商标权

6.2.1 商标权的效力

商标专有权可以用于商标登记所针对的商品、工作或者服务的区别经营者，特别是如下情况：

（1）其所生产、许诺销售、销售、在展览会展销售或者以其他方式在俄罗斯联邦境内进入市场流通，或者为此目的而保管、运输，或者向俄罗斯联邦境内进口的商品之上，包括货签、商品包装上；

（2）在完成工作、提供服务时；

（3）在将商品投入市场流通有关的文件上；

（4）在出售商品、完成工作、提供服务的要约中，以及在公告、招牌和广告中；

（5）在互联网上，包括在域名中和在采用其他的计算机定址方式时。

权利持有人为了宣示自己的商标专有权，有权使用与商标一起放置的由拉丁字母"R"、®或者"商标""注册商标"的文字符号构成的保护标记，并指明所使用的标记是在俄罗斯联邦境内受到保护的商标。

商标法律保护可以在商标国家登记后任何连续3年内没有使用而提前终止对商标登记所用于区别经营者的所有商品或者部分商品。利害关系人可以在上述3年期限届满后向专利争议庭提出由于不使用而提前终止商标法律保护的申请，条件是在提出该申请前，商标仍然没有被使用。商标使用的证明责任由权利持有人承担。解决商标由于不使用而提前终止的法律保护的问题时，可以考虑权利持有人提交的非取决于其本人而未能使用商标的证据。商标保护的终止意味着对该商标的专有权的终止。

商标专有权的用尽：他人对权利持有人或者经其允许已经直接在俄罗斯联邦境内进入市场流通商品的商标的使用行为，不属于侵害商标专有权的行为。

商标专有权自向负责知识产权事务的联邦机构提出商标国家登记申请之日起10年内有效。商标专有权的效力期限，可以按照权利持有人在该权利效力的最后1年内提出的申请予以延长10年。延长商标专有权效力期限不受次数限制。按照权利持有人的请求，可以在商标专有权效力届满后提供6个月的宽展期用以提出上述申请，但必须支付费用。商标专有权效力期限延长的记载，由负责知识产权事务的联邦机构载入国家商标登记簿和商标证书。

6.2.2 商标权的处分

商标专有权处分合同、许可使用合同，以及其他借以实施商标专有权处分的合同，应当以书面形式签订，并应当在负责知识产权事务的联邦机构进行国家登记。

按照商标专有权转让合同，一方——权利持有人，可以全部移转或者有义务全部移转属于他的相应的对所有商品或者对商标登记所欲区别经营者的一部分商品的商标专有权给另一方——专有权取得人，如果商标专有权的转让合同可能导致消费者对商品或者其制造人的误解，则不允许依照合同转让商标专有权。对包含了作为不受保护要素的在俄罗斯联邦境内被赋予法律保护的商品原产地名称的商标专有权的转让，只有在取得人拥有对该商品原产地名称的专有权时才允许。

按照许可使用合同，一方——商标专有权持有人（许可使用人）可以在合同规定范围内向他方（被许可使用人）提供或者有义务提供商标使用权，并指明所针对的特定经营活动领域和使用所许可的地域。被许可使用人有义务保障被许可使用的商标所标识的其所生产或者所销售的商品符合许可使用人所规定的质量要求。许可使用人有权对该条件的遵守实施监督。对作为商品制造人的被许可使用人提出的请求，被许可使用人和许可使用人承担连带责任。同样，对于包含了作为不受保护要素的在俄罗斯联邦境内被赋予法律保护的商品原产地名称的商标，只有在被许可使用人对该名称拥有使用专有权的条件下才许可提供商标使用权。

6.2.3 商标的申请

商标国家登记申请（商标申请）由法人或者个体经营者（申请人）向负责知识产权事务的联邦机构提出。一份商标申请应当针对一个商标。商标申请应当提交如下材料：

（1）将标记作为商标予以国家登记的请求，并指明申请人、其住所地或者所在地；

（2）所申请的标记；

（3）商标国家登记所针对的和按照国际商品和服务登记分类办法区分的商品清单；

（4）对所申请的标记的描述。

商标申请可以由申请人签署并提出，也可以通过代理人提出申请，由提出申请的申请人或者其代理人签署。商标申请应当以俄语提出。申请所附的文件可以为俄语或者其他语种。如果这些文件是以其他语种提交的，则在申请中应附上其俄文译本。俄文译本可以由申请人在负责知识产权事务的联邦机构发出，必须自完成该要求的通知后两个月内提交。对包含在商标申请中和附在申请中的文件（申请文件）的要求，由负责知识产权领域中规范性法律调整的联邦机构规定。商标申请提交日为文件到达负责知识产权事务的联邦机构之日。如果上述文件不是同时提交，则以最后的文件达到日为准。

商标申请鉴定由负责知识产权事务的联邦机构进行。申请鉴定包括形式鉴定和作为商标申请的标记（所申请的标记）鉴定。在商标申请鉴定期间申请人有权就该申请做出决定前补充、明确或者更正申请材料，包括提交补充材料。如果补充材料中包含了在申请提交当日申请中没有指明的商品清单，或者实质性地更改了所申请的商标标记，则对这些补充材料不予审查。它们可以由申请人提出作为单独的申请办理。对商标申请中的申请人，包括在转让或者移转商标登记权时由于申请人名称、姓名变更而作的修改，以及对申请文件中明显的和技术性错误的更正，可以在商标国家登记前进行。在商标申请鉴定期间，负责知识产权事务的联邦机构有权向申请人索取补充材料，如果没有这些补充材料就有可能无法鉴定。补充材料应当自申请人收到相应的要求之日起，或者自申请人收到负责知识产权事务的联邦机构的要求之日起1个月内提出。要求申请人答复的材料副本应当自上述机构收到答复之日起两个月内提交。如果申请人在上述期限内没有提交所要求的补充材料，或者要求延长规定的提交补充材料的期限，则申请被视为依据负责知识产权事务的联邦机构的决定而撤回。根据申请人的请求，提交补充材料的规定期限可以由联邦知识产权管理机构予以延长，但不得超过6个月。

商标申请形式鉴定自申请提交至负责知识产权事务的联邦机构之日起1个月内进行。在商标申请形式鉴定过程中，审查必要申请文件是否齐备以及是否符合规定的要求，按照形式审查的结果作出接受审查申请或者拒绝审查申请的决定。对于形式鉴定的结果，由负责知识产权事务的联邦机构通知申请人。在通知申请人申请形式鉴定的肯定结果的同时，告知其确定的申请提交日期。

对作为商标申请的标记的鉴定（申请标记鉴定）依照由于形式鉴定而被接受审查的申请进行。按照申请标记的鉴定结果，负责知识产权事务的联邦机构作出商标国家登记或者拒绝登记的决定。在按照申请标记鉴定结果作出决定之前，可以向申请人发出书面的关于对所申请标记与要求是否相符的审查结果的通知，并建议对在通知中援引的理由提出自己的观点。申请人的观点如果是在向申请人发出上述通知之日起6个月内提交的，则可以在依照对申请标记的鉴定结果作出决定时予以考虑。

有以下情况之一的，商标国家登记的决定可以由负责知识产权事务的联邦机构在商标登记之前予以重新审查：

（1）由于收到具有更早优先权的对相同或者相似以致混淆的同类商品标记的申请；

（2）由于标记与作为商品原产地名称进行国家登记的标记相同或者相似以致混淆；

（3）由于出现包含了相同商标的申请，或者出现相同的在商品清单方面完全或者部分重合的且具有更早商标优先权的受保护的商标；

（4）由于申请人的变更对所申请的标记作为商标进行国家登记时，可能会导致消费者对商品或者其制造人产生误解。

负责知识产权事务的联邦机构作出的拒绝受理商标审查申请、商标国家登记、拒绝商标国家登记和确认商标申请撤回的决定，都可以由申请人在收到上述决定之日起4个月内向负责知识产权事务的联邦机构提出异议，但前提是申请人须自收到相应的决定之日起1个月内提交该材料副本。

申请人错过商标审查的期限，可以由负责知识产权事务的联邦机构按照申请人在这些期限届满之日起 6 个月内提交的请求予以恢复，条件是要证明有正当理由导致这些期限没有被遵守，而且支付了相应的费用。恢复错过期限的请求由申请人向联邦知识产权管理机构提交，同时提交要求的补充材料，或者要求延长提交这些补充材料的期限的请求，也可同时向商标争议机构提出异议。

商标申请可以由申请人在审查的任何阶段予以撤回，但不得迟于商标国家登记日。在进行商标申请鉴定期间，申请人有权在依申请决定作出之前向负责知识产权事务的联邦机构提出对该标记的分出申请。这种申请应当包括在向联邦知识产权管理机构提出申请当日在初始申请中列明的商品清单和初始申请中包含的仍然有效的清单中与其他商品不同类别商品的清单。

依据商标国家登记决定，负责知识产权事务的联邦机构在收到商标国家登记和商标证书颁发费用支付文件之日起 1 个月内在商标国家登记簿中进行商标国家登记。商标证书由负责知识产权事务的联邦机构在商标国家登记簿中进行国家登记之日起 1 个月内颁发。商标证书的形式和其中列明的信息清单由负责知识产权领域中规范性法律调整的联邦机构规定。

权利持有人有义务通知负责知识产权事务的联邦机构任何关于商标国家登记的变更，包括权利持有人的名称或者姓名的变更、缩减区别经营者标识、不改变商标的实质而变更其某些要素。

6.2.4　驰名商标和集体商标

依据商标国家登记或者依照俄罗斯联邦加入的国际条约，在俄罗斯联邦境内受到保护的商标，或者作为商标使用但是并不在俄罗斯联邦境内享有法律保护的标记，可以由认为其所使用的商标或者作为商标使用的标记属于俄罗斯联邦驰名商标的人按照负责知识产权事务的联邦机构的决定申请被认定为在俄罗斯联邦的驰名商标，如果该商标或者该标记由于持续使用，且在申请中所列明的日期前就已经于俄罗斯联邦相应消费者群体中广为人知。商标和作为商标使用的标记，如果是在他人取得同类商品的相同或者相似达到混淆程度的商标的优先权日之后才广为人知，则不得被确认为驰名商标。

驰名商标除了拥有对商标规定的法律一般保护，驰名商标法律保护还意味着承认驰名商标的专有权，驰名商标享有无限期的法律保护。驰名商标的法律保护也及于与该驰名商标所针对的商品不同类别的商品，如果他人将该商标使用于上述商品，将会使消费者产生与驰名商标专有权持有人有关的联想且可能会侵犯该持有人的合法利益。

被确认为驰名商标的商标由负责知识产权事务的联邦机构载入俄罗斯联邦驰名商标名录。驰名商标证书由负责知识产权事务的联邦机构在将商标载入驰名商标名录之日起1个月内颁发。驰名商标证书的形式和在该证书中列明信息的清单由负责知识产权领域中规范性法律调整的联邦机构规定。

组建和活动不违反所在国立法的组织有权在俄罗斯联邦登记集体商标。集体商标是用于标记由加入该组织的人生产或者销售的，且具有相同质量特点或者其他共同特征的商品的商标。集体商标可以由加入该组织的各方使用。集体商标权不能转让，也不能成为许可使用合同的标的。加入登记了集体商标的组织的人，有权在使用集体商标的同时使用自己的商标。

向负责知识产权事务的联邦机构提交的集体商标登记申请（集体商标申请）应附上集体商标章程，其应当包括如下内容：

（1）被授权以自己名义登记集体商标的组织的名称（权利持有人）；

（2）享有该集体商标使用权的人员名单；

（3）集体商标标记的商品清单和共同的质量特性或者其他共同特征；

（4）集体商标的使用条件；

（5）监督集体商标使用方式的规定；

（6）违反集体商标章程的责任规定。

在使用集体商标不具有统一的质量特征或者其他共同特征的商品时，集体商标的法律保护可以依据任何利害关系人的起诉依照法院作出的判决全部或者部分提前终止。集体商标和集体商标申请可以被更改为商标和商标申请，反之，商标和商标申请也可以更改为集体商标和集体商标申请。更改的程序由负责知识产权领域中规范性法律调整的联邦机构规定。

6.2.5 商标权的终止和保护

确认商标无效的依据：

（1）如果被赋予法律保护的注册商标违反了民法典规定的缺乏显著特征的要求，或者仅有本商品的通用名称、图形、型号，则在整个商标专有权效力期限内均可全部或者部分地被异议并被确认为无效。

（2）如果被赋予法律保护的注册商标违反了民法典规定的法人持有商标信息登记要求，则可以在整个商标专有权效力期限内全部或者部分被异议并被确认为无效。

（3）如果被赋予法律保护的注册商标违反了民法典关于驰名商标与商品不一致的要求，则可以在整个商标专有权效力期限内全部被异议并被确认为无效。

（4）如果违反保护工业产权巴黎公约的要求，在任何一个该公约成员境内以该专有权持有人的代理人或者代表人的名义赋予法律保护的，可以在整个商标专有权效力期限内全部被异议并被确认为无效。

（5）如果权利持有人发生与商标国家登记有关的行为依照规定程序被确认为权利滥用或者恶意竞争，则可以在整个法律保护有效期内完全或者部分地被异议并被确认为无效。

商标法律保护在以下情况下终止：

（1）商标专有权效力期限届满；

（2）依据法院作出的由于将该商标用于不具有相同质量特性或者其他共同特征的商品而提前终止集体商标法律保护的判决；

（3）依据法院作出的由于无正当理由不使用而提前终止商标法律保护的判决；

（4）依据负责知识产权事务的联邦机构在终止作为权利持有人的法人

或者作为权利持有人的个体经营者经营活动时作出的提前终止商标法律保护决定；

（5）在商标权利人放弃商标权时；

（6）在商标已经转为特定种类商品标记供公共使用时，依据负责知识产权事务的联邦机构按照利害关系人的申请作出的提前终止商标法律保护的决定。

在商品、货签、商品包装上非法放置商标或者与之相似达到混淆程度的标记为侵犯商标权。权利持有人有权要求禁止民事流通并要求侵权方自费销毁侵权商品、货签、商品包装。在为社会利益有必要将这些商品投入流通时，权利持有人有权要求使用加害人的资金从侵权商品、货签、商品包装上去除非法使用的商标或者与之相似达到混淆程度的标记。在完成工作或者提供服务时侵犯商标专有权的人，有义务从完成这些工作或者提供服务所使用的材料上，包括从文件、广告、招牌上去除商标或者与之相似达到混淆程度的标记。

权利持有人有权选择要求加害人支付以下补偿以替代赔偿损失：

（1）按照法院根据侵害行为的特点确定的从10000~5000000卢布的数额；

（2）非法放置商标的商品价值的两倍，或者根据在可比情形中为合法使用商标通常收取的价格确定的商标使用权价值的两倍。

6.3 商品原产地名称

受到法律保护的商品原产地名称，是指体现或者包含现代的或者历史的、官方的或者非官方的、完全或者缩略的国家、城市或者乡村、地区或者其他地理客体名称的标记，以及从该名称中派生且其所针对的商品的特性仅由或者主要是由该地理客体所特有的环境条件和（或）人文要素决定而闻名的标记，可以确认该商品生产者对该名称使用的专有权。

对于尽管也体现或者包含了地理客体的名称，但是在俄罗斯联邦已经被作为与其生产地无关的特定种类商品的标记而被公众使用的标记，不视其为商品原产地名称。

商品原产地名称因进行了国家登记而被确认和受到保护。商品原产地名称可以由一个或者多个公民或者法人进行登记。商品原产地名称的专有权属于权利持有人。以下放置该名称的行为视为商品原产地名称的使用：

（1）放置于生产、许诺出售、出售、在展览会和交易会上展出或者以其他方式将在俄罗斯联邦境内投入流通的，或者为此目的而保管或者运输的，或者向俄罗斯联邦境内进口的商品、商品的货签、包装上；

（2）放置于与商品进入市场流通有关的表格、账簿、其他文件和定期出版物中；

（3）放置于商品出售要约中，以及在公告、招牌和广告中；

（4）在互联网上，包括域名和在其他计算机定址方式中。

不允许没有相应证书的人使用已经登记的商品原产地名称，即使指出商品的真正产地或者使用产地名称译文同时加上"类""型""仿制品"及类似字样的词组，以及对任何种类的商品使用相似的可能在商品产地和特性方面误导消费者的标记。

商品原产地名称国家登记和对该名称的专有权的申请，以及对以前登记的商品原产地名称专有权申请，向负责知识产权事务的联邦机构提交。一份商品原产地名称申请应当针对一个商品原产地名称。商品原产地名称申请应当提交如下材料：

（1）商品原产地名称国家登记和授予对该名称专有权的请求，或者仅仅要求授予对以前登记的商品原产地名称专有权的请求并指明申请人，以及其住所地或者所在地；

（2）所申请的标记；

（3）指明商品原产地名称国家登记和授予对该名称专有权或者仅仅是要求授予对以前登记的商品原产地名称专有权所针对的商品；

（4）指明商品原产地或者生产地，其环境条件和（或）人的要素单独或者主要决定或者可以决定商品的特性；

（5）对商品特性的描述。

商品原产地名称可以由申请人签署并提出，也可以通过代理人提出申请，由申请人或者其代理人签署。商品原产地名称申请以俄语提交，申请所附文件可以以俄语或者其他语言提交；如果这些文件是以其他语言提交的，则应附上其俄文译本。俄文译本可以由申请人自收到负责知识产权事务的联邦机构作出的必须履行该要求的通知之日起两个月内提交。对包含在商品原产地名称申请中的文件或者所附文件的要求，由负责知识产权领域中规范性法律调整的联邦机构规定。商品原产地名称申请的提交日期为规定的文件进入联邦机构之日，如果上述文件不是同时提交的，则以最后的文件到达之日为准。

商品原产地名称申请的形式鉴定在自其提交负责的联邦机构之日起两个月内进行。在商品原产地名称形式鉴定过程中审查必要的申请文件是否齐备，以及是否符合规定的要求。根据形式鉴定的结果作出接受申请进行审查或者是拒绝受理申请进行审查的决定。形式鉴定的结果应该通知申请人。

负责知识产权事务的联邦机构作出的拒绝受理审查商品原产地名称申请的决定、确认该申请已经被撤回的决定，以及该机构按照对所申请的标记的鉴定结果作出的决定，都可以由申请人在收到相应的决定之日起3个月内通过向专利争议庭提出异议的方式予以争议。申请人错过提交期限的，可以由负责知识产权事务的联邦机构按照在该期限届满之日起两个月内提交的请求予以恢复，其条件是能证明由于正当理由而没有遵守期限，并且支付相应的费用。恢复错过的期限的请求由申请人向负责知识产权事务的联邦机构提出，同时提交补充材料。

依据按照对所申请的标记的鉴定结果作出的决定，负责知识产权事务的联邦机构在名称国家登记簿中进行商品原产地名称国家登记。商品原产地名称、关于商品原产地名称专有权证书持有人的信息、对商品原产地名称登记所欲区别经营者商品的特性的指示与描述、其他属于国家登记和授予商品原产地名称专有权、延长证书效力期限的信息以及对这些信息的修改一并载入商品原产地名称国家登记簿。

商品原产地名称专有权证书自向负责知识产权事务的联邦机构提交商

品原产地名称申请之日起 10 年内有效。商品原产地名称专有权证书的效力期限可以按照证书持有人的申请予以延长，其条件是提交了俄罗斯联邦政府确定的主管机构对证书持有人在相应的地理客体范围内生产具有在名称国家登记簿中指明特性的商品的意见。对与俄罗斯联邦境外的地理客体的名称相同的名称，证书持有人提交证明在证书效力期限延长申请提交之日其在商品原产国享有对商品原产地名称权利的文件替代上述规定的意见。证书效力期限延长申请在其效力的最后 1 年内提交。按照证书持有人的请求，可以授予自证书效力期限届满后 6 个月的宽展期，用以提交延长该期限的申请，其条件是支付额外费用。证书的效力期限每次延期 10 年。对商品原产地名称专有权证书效力延长的记载，由负责知识产权事务的联邦机构纳入名称国家登记簿和上述证书。

对赋予商品原产地名称法律保护的争议，意味着对负责知识产权事务的联邦机构的商品原产地名称国家登记和授予对该名称的专有权决定以及颁发商品原产地名称专有权证书的争议。对授予以前已经登记的商品原产地名称专有权的争议，意味着对授予以前已经登记的商品原产地名称专有权决定和颁发商品原产地名称专有权证书的争议。确认赋予商品原产地名称法律保护的无效，将引起撤销商品原产地名称国家登记和授予对该名称专有权的决定、废除在名称国家登记簿中的记载和对该名称的专有权证书。确认授予对以前已经登记的商品原产地名称专有权法律保护的无效，将引起撤销对授予以前已经登记的商品原产地名称国家登记专有权决定、废除在名称国家登记簿中的记载以及该名称专有权证书。

商品原产地名称的法律保护在以下情况下终止：

（1）该地理客体所独有的条件消失且不可能再生产具有该商品原产地名称在名称国家登记簿中指明特性的商品；

（2）外国法人、外国公民或者无国籍人丧失在商品原产国对商品原产地名称的权利。

商品原产地名称专有权证书的效力在以下情况下终止：

（1）证书持有人生产的产品丧失了该商品原产地名称在名称国家登记簿中指明的特性；

（2）依据商品原产地名称法律保护的规定，效力终止；

（3）作为证书持有人的法人被撤销或者个体经营者的经营活动终止；

（4）证书效力期限届满；

（5）证书持有人向负责知识产权事务的联邦机构提出相应的申请。

任何人按照上述规定的依据可以向负责知识产权事务的联邦机构提出终止商品原产地名称法律保护和对该名称专有权证书效力的申请。商品原产地名称法律保护和对该名称的专有权证书效力，依照负责知识产权事务的联邦机构的决定终止。

非法使用商品原产地名称的责任：一是权利持有人有权要求禁止流通并以加害人的费用销毁放置了非法使用的商品原产地名称或者与之相似达到混淆程度的标记的侵权商品、货签、商品包装。为了社会利益有必要将这些商品投入流通时，权利持有人有权要求以加害人的费用从侵权商品、货签、商品包装上去除非法使用的商品原产地名称或者与之相似达到混淆程度的标记。二是权利持有人有权选择要求加害人支付如下补偿以替代损失赔偿：

（1）由法院根据侵害行为的特点确定的 10000～5000000 卢布的数额；

（2）被非法放置了商品原产地名称的商品价值的两倍；

（3）预先贴上在俄罗斯联邦境内没有登记的商品原产地名称的人，按照俄罗斯联邦立法规定的方式承担责任。

6.4　商业标记权

从事经营活动的法人（包括其设立文件依照法律赋予其从事该种活动权利的非商业组织）以及个体经营者为了自己的贸易企业、工业企业和其他企业的区别经营者，可以使用不是企业名称也不应当被强制纳入设立文件和统一法人国家登记簿的商业标记。商业标记可以由权利持有人用于一家或者多家企业的区别经营者。一家企业的区别经营者不能同时使用两个和更多的商业标记。

商业标记专有权：如果该标记具有足够的识别性特征且权利持有人在特定的地域范围内用以使自己的企业区别经营者是众所周知的，则以任何不违背法律的方式，包括在招牌、表格、账簿和其他文件、公告和广告中、在商品或者其包装上使用商业标记作为其所属企业的区别经营者标识的专有权，属于权利持有人。不允许使用会对企业归属于特定人的属性产生误导的商业标记，特别是与属于他人拥有相应的更早专有权的企业名称、商标或者受专有权保护的商业标记相似以致混淆的标记。违反上述规则的人，有义务按照权利持有人的要求终止使用商业标记，并赔偿权利持有人所遭受的损失。如果商业标记被权利持有人用于数个企业的区别经营者，则向他人转让作为一个企业构成部分的商业标记的专有权，即剥夺权利持有人使用该商业标记区别经营者剩余的其他企业的权利。

权利持有人可以按照企业租赁合同或者商业特许合同规定的程序和条件，向他人提供自己的商业标记使用权。

用于在俄罗斯联邦境内企业的区别经营者的商业标记专有权，在俄罗斯联邦境内有效。如果权利持有人连续在1年内不使用商业标记，则商业标记专有权终止。

商业标记权与企业名称和商标权的相互关系：包含了权利持有人的企业名称或者其中某些要素的商业标记专有权的产生和有效不依赖于企业名称专有权。商业标记或者该名称的某些要素可以被权利持有人用于属于他的商标。被纳入商标的商业标记的保护，不依赖于对商标的保护而受到保护。

6.5　中俄商标制度主要差异

俄罗斯商标注册流程与中国商标注册流程最大的不同，是俄罗斯实施"先注册后公告"的制度，即采取异议后置。如果他人拟对商标申请提出异议，只能在商标获准注册后提交。

中国企业较多使用汉字商标，甚至在国际市场也是如此。俄罗斯商标法规定，任何文字均可以作为商标申请注册。在对文字商标审查时，适用图形审查规则，即这些文字被当作图形进行审查，所以准确度有限，因此导致保护力度有限。

申请注册的商标因与在先商标近似而被驳回的情况下，如果能取得在先商标所有人的同意书，就可以克服驳回，这是俄罗斯商标制度的一个特色。

第七章 俄罗斯育种成就权、集成电路布图设计权和技术秘密权概况

7.1 育种成就权

育种成就的作者拥有专属权、创作者身份权、专利申请权、育种成就命名权、职务育种成就使用报酬权。在俄罗斯联邦境内承认由负责育种成就事务的联邦机构颁发的专利证书或者依照俄罗斯联邦加入的国际条约在俄罗斯联邦境内有效的专利证书证明的育种成就专有权。

育种成就的作者是育种者，即以其创造性劳动创造、提取或者发现育种成就的人。在育种成就专利颁发申请书中被指明为作者的人，如果没有相反证据，即为育种成就的作者。以其共同劳动创造、提取或者发现了育种成就的公民为共同作者。每一个共同作者都有权依照自己的意愿使用育种成就，他们之间的协议另有规定的除外，处分育种成就专利取得权由共同作者共同行使。每个共同作者都有权独立地采取措施保护自己的权利。

育种成就知识权利的客体为已经在国家育种成就登记簿中登记的植物品种和动物品种，其智力活动成果应当符合民法典对育种成就的规定。植物品种是指不取决于植物的受保护能力的，由该遗传可能型或者遗传可能型组合所具备的特征决定的，且与同一生物学上分类的植物种属具有一个或者数个特征上的区别的植物种属。品种可以由一种或者数种植物、植物的一个部分或者数个部分所体现，条件是该部分或者这些部分可以用以复

119

制整个植物。植物品种受保护的范畴是无性繁殖、品系、第一代混合种、种群。

动物品种是指不取决于动物的受保护能力的，拥有基因上规定的生物学上和形态学上的，而且其中某些是该种属所特有的且使之与其他动物种属区别开来的特性和特征。品种可以由雌性或者雄性的育种材料，即预定用于复制品种的动物（种用动物），其配子或者合子（胚胎）来体现。动物品种受保护的范畴是类型及杂交系。

育种成就权专利颁发给符合授权标准，同时属于由负责农业领域中规范性法律调整的联邦机构规定的植物学和动物学清单上的种属与类别的动植物品种。育种成就的授权标准是新颖性、特异性、一致性和稳定性。

如果在专利颁发申请书提交之日，该育种成就的种子或者繁殖材料没有被育种者、其权利承继人或者经他们同意的其他人为使用育种成就而出售，也没有以其他方式转让，植物品种和动物品种即具有新颖性：

（1）在俄罗斯联邦境内，在上述日期之前1年之内。

（2）在其他国家，在上述日期之前4年之内。如果涉及葡萄、观赏植物、果木和林木树种，则在上述日期之前6年之内。

育种成就应当明确地与专利颁发申请书提交时现存的任何其他公众周知的育种成就相区别，即为区别性。公众周知的育种成就，是指在官方目录中或者备考基金中或者某个出版物中有对其准确描述的育种成就。育种成就被颁发专利证书时，提交专利颁发申请书会使育种成就自申请书提交之日起为公众周知。

一个品种的植物或一个品种的动物按照自己的特征应当是同种的，且应考虑到由于繁殖的特殊性而发生的某些变异，即为一致性。

育种成就如果其基本特征在多次繁殖后或者在有特别繁殖循环时，在每个繁殖循环终结时仍然保持不变，即为稳定性。

育种成就在国家育种成就登记簿中进行了国家登记，负责育种成就事务的联邦机构据此向申请人颁发育种成就专利时，育种成就专有权始受承认和保护。

俄罗斯鼓励创造和使用育种成就，依照俄罗斯联邦立法向其作者以及其他育种成就专有权持有人（专利持有人）和使用育种成就的被许可使用人提供优惠。

7.1.1 育种成就的知识产权

创作者身份权，即育种成就的作者的人身权，不可剥夺且不得转让，包括向他人移转或者得到育种成就专有权和向他人提供育种成就使用权的情形，放弃该权利无效。

作者享有育种成就命名权。育种成就的名称应当使育种成就可以识别，它是简短的，且能与现存的相同或者类似的植物学和动物学上的种类相区别。它不应当由一组数字构成，不应当引起对育种成就的特性、起源、意义、作者身份的误解，不应当违背道德准则。作者或者经其同意的提交专利申请的其他人（申请人）所建议的育种成就的名称，应当由负责育种成就事务的联邦机构核准。

如果其所建议的名称不符合规定，申请人必须按照联邦知识产权管理机构的要求在 30 天期限内提出其他名称。如果在上述期限届满前申请人没有提出其他符合上述要求的名称，或者没有依照司法程序对拒绝核准育种成就名称提起诉讼，则负责育种成就事务的联邦机构有权拒绝对育种成就进行登记。

雇员根据职务或雇主的指定任务创造、开发或发现的育种成就，应视为服务育种成就。服务育种成就的专有权和专利权归雇主所有，但雇员与雇主之间的劳动合同或民法合同中另有约定的除外。

除非用人单位和雇员在合同中另有约定，否则雇员应书面将其创造、开发或发现通知雇主，在本职工作范围内或根据雇主的特定任务开发或发现的结果可以作为育种成果的结果享受法律保护。

获得专利的权利和根据以创造为主体的合同创造、开发或发现的育种成果的专有权，（按订单）开发或发现此类育种成果应归客户所有，承揽人（执行者）与客户订立的合同另有规定的除外。

育种成就专利取得权最初属于育种成就的作者。育种成就专利取得权可以移转给他人（权利承继人），或者在法律规定的情况下依照法律规定的依据移转给他人，包括依照权利承继程序或者依照合同，特别是劳动合同。转让育种成就专利取得权的合同应当以书面形式签订，不遵守书面形式将导致合同无效。如果育种成就专利取得权转让合同的双方没有书面协议，则不受保护的风险由权利取得者承担。

育种成就专有权也包括植物材料，即被用于与再生产品种不同目的的植物或者其部分，以及商品性动物，即被用于与再生产品种不同目的的动物。它们从相应的种子或者繁殖材料中获得，未经专利持有人同意而进行市场流通，此时种子指用于再生产品种的植物或者其部分。对育种成就的种子和繁殖材料实施以下行为，视为使用育种成就：

（1）生产和再生产；

（2）在达到播种条件之前进行连续的繁殖；

（3）承诺出售；

（4）出售和进行市场流通的其他方式；

（5）从俄罗斯联邦境内出口；

（6）向俄罗斯联邦境内进口；

（7）为上述本款第（1）~（6）项规定的目的而保管。

以下不得视为侵犯育种成就专有权的行为：

（1）为满足个人的、家庭的、家务的或者其他与经营活动无关的需求而实施的行为，如果该类行为并非基于商业目的；

（2）为科学研究或者实验目的而实施的行为；

（3）使用被保护的育种成就作为原初材料创造其他的植物品种或者动物品种，以及行使二次培育品种在民法典中规定的一般育种成就权，直接使用植物或者动物品种的繁殖材料除外；

（4）两年内使用在经营中获得的植物材料作为种子，以便在经营领域中培植俄罗斯联邦政府规定的品种和种类清单中的植物品种；

（5）在该经营中繁殖商品性动物；

（6）任何对由专利持有人或者经其同意的其他人将之投入民事流转的种子、植物材料、繁殖材料和商品性动物实施的行为。但下列情形除外：

①连续的植物品种或者动物品种繁殖；②从俄罗斯联邦境内向不保护该品种或者种类的国家出口可以繁殖的植物品种或者动物品种、植物材料或者商品性动物，但为了进一步改造的需要而出口的除外。

育种成就的强制许可：自育种成就专利颁发之日起3年内，任何愿意且准备好使用育种成就的人，在专利持有人拒绝按照惯例签订生产或者销售种子、繁殖材料的许可使用合同时，有权向法院起诉专利持有人，要求其在俄罗斯联邦境内提供育种成就的简单（非排他性）强制使用许可。在诉讼请求中申请人应当指出预定的向他提供该使用许可的条件，包括育种成就使用的范围、报酬的数额、支付方式和期限。如果专利持有人不能证明存在不能向申请人提供相应的育种成就使用权的正当理由，法院应作出提供上述使用许可和其提供条件的判决。对该使用许可所应支付的报酬总额应当由法院判决确定，不得低于可比情况下所确定的使用许可的价格。

依据法院作出的提供简单（非排他性）强制使用许可的判决，专利持有人有义务赞成所支付的报酬和在其可接受的条件下，向该使用许可持有人提供为使用简单（非排他性）强制使用许可而言足够的种子或者相应的繁殖材料。

简单（非排他性）强制使用许可的效力，可以根据专利持有人的起诉依照诉讼程序而终止。如果该使用许可的持有人违反了提供该使用许可的条件，或者构成提供该使用许可的情形已经发生重大变更，将会导致一般情况下不能提供该使用许可或者是在极为不同的条件下提供该使用许可。

育种成就专有权和证明该权利的专利证书的效力期限，自育种成就在国家育种成就登记簿中进行国家登记之日起算，期限为30年。对葡萄、观赏植物、果木和林木树种的育种成就专有权和证明该权利的专利证书的效力期限为35年。

7.1.2 育种成就的处分

依照育种成就专有权转让合同，一方（专利持有人）全部移转或者有义务全部移转属于他的相应育种成就专有权给他方——专有权取得者（专利取得者）。

签订育种成就专利转让合同的公开要约：

（1）作为育种成就作者的申请人，在提交育种成就专利申请时，可以在申请文件中附上声明，记载转让信息，并就此通知专利受让人和负责育种成就的联邦机构，并可与任何俄罗斯联邦公民或者俄罗斯法人，签订专利转让合同。在该声明存在时，民法典规定的育种成就专利相关费用不向申请人收取。负责育种成就的联邦机构在官方公报上公布上述申明信息。

（2）与专利持有人依据上述规定的声明而签订了专利转让合同的人，有义务支付免除申请人（专利持有人）支付的全部专利费用。以后的专利费用按照规定的方式支付。在负责育种成就的联邦机构对专利转让合同进行国家登记时，在合同登记申请中应当附上所有的证明免除申请人（专利持有人）支付的专利费用已经支付的文件。

（3）如果自其中作出第1款规定的声明的专利颁发信息刊布之日起两年内，负责育种成就的联邦机构没有收到愿意签订专利转让合同的书面通知，专利持有人可以向联邦知识产权管理机构提出撤销自己声明的请求。在此情况下，民法典规定的曾经免除申请人（专利持有人）支付的专利费用应当支付，以后的专利费用按照规定方式支付。负责育种成就的联邦机构在官方公报上公布撤销上述声明的信息。

专利持有人可以向负责育种成就的联邦机构提出可以向任何人提供育种成就使用权（公开许可使用）的声明。在此情况下，专利维持费用的数额自负责育种成就的联邦机构在官方公报上公布公开使用许可信息之年的次年起降低50%。向任何人提供育种成就使用权的条件应通知负责育种成就的联邦机构，并由它使用专利持有人的费用将公开许可使用的信息刊布在官方公报上。专利持有人有义务与表明愿意使用上述育种成就的人签订简单（非排他）使用许可合同。

雇员在依照劳动合同履行自己的义务或者完成雇主指派的具体任务时，创造、提取或者发现的育种成就为职务育种成就。职务育种成就的创作者身份权属于雇员（作者）。职务育种成就专有权和专利申请权属于雇主，如果雇员和雇主之间的劳动合同或者其他合同另有规定的除外。雇主和雇员之间的合同中没有不同的协议时,雇员应当书面通知雇主在履行自己的劳动义务或者雇主指派的具体任务时,创造、提取或者发现的可能成为育种成就而赋予法律保护的成果。

如果雇主在接到雇员关于对其所创造、提取或者发现的可能成为育种成就而赋予法律保护的成果的通知之日起4个月内没有对该育种成就向负责育种成就的联邦机构提出专利申请,也不转移职务育种成就专利申请权给他人,或者没有通知雇员将相应成果的信息予以保密,则该育种成就的专利申请权属于雇员。在此情况下,雇主在专利有效期间内享有在简单(非排他性)许可使用条件下在自己的生产中使用职务育种成就的权利,且应向专利持有人支付补偿。补偿支付的数额、条件和方式由雇员和雇主之间的合同约定,产生争议时,由法院裁决。

雇员有权依照与雇主之间的协议确定的数额和条件从雇主处取得使用创造、提取或者发现的职务育种成就的报酬,该报酬不得少于包括提供使用许可的收入在内的育种成就使用年收入数额的20%。对于由于雇主使用职务育种成就而应支付的补偿数额、方式或者条件的争议由法院判决。补偿应在育种成就使用的期限届满后6个月内支付给雇员。

雇员使用雇主的资金、技术或者其他物质手段,但不是在履行自己的劳动义务或者完成雇主指派的具体任务而创造、提取或者发现的育种成就,不是职务育种成就。育种成就专利申请权和对该育种成就的专有权属于雇员。在此情况下,雇主有权选择要求为自己的需要在整个育种成就专有权效力期限范围内向他提供对育种成就的无偿简单(非排他性)使用许可,或者要求赔偿创造、提取或者发现该育种成就的花费。

育种成就是依照以创造、提取或者发现该育种成就为标的物的合同(依照定作)而创造、提取或者发现的,则育种成就专利取得权和对该育种成就的专有权属于定作人,承揽人(履行人)和定作人之间的合同另有约定的除外。

当育种成就专利取得权和育种成就专有权属于定作人时,承揽人(履行人)有权在整个专利有效期间为自己的需要依照无偿简单(非排他性)使用许可的条件使用育种成就,合同另有约定的除外。定作合同可以约定其他种类的使用许可。

如果依照承揽人（履行人）和定作人之间的合同育种成就专利取得权和育种成就专有权属于承揽人（履行人），定作人有权在整个专利有效期间内为自己的需要按照无偿简单（非排他性）使用许可条件使用育种成就。

7.1.3 育种成就权的取得和效力的终止

专利申请应当提交如下材料：

（1）颁发专利的请求书，并列明育种成就的作者或者以其名义寻求专利的人，及其每一个人的住所地和居所地；

（2）育种成就说明书；

（3）证明已经按照规定的数额支付了费用，或者据以免除支付费用、降低费用数额、延期缴纳费用的文件。一个专利颁发申请书应当针对一个育种成就。如果文件是以其他语种体现的，那么专利颁发申请书应当附上俄文译本。

育种成就专有权和证明该权利的专利证书的效力期限，自育种成就在国家育种成就登记簿中进行国家登记之日起算30年。对葡萄、观赏植物、果木和林木树种，包括它们的苗木的育种成就专有权和证明该权利的专利证书的效力期限为35年。

育种成就优先权按照向负责育种成就的联邦机构提交专利颁发申请的日期确定。如果同一天有两份或者多份对同一育种成就的专利颁发申请被提交给负责育种成就的联邦机构，则按照较早提出申请的日期确定优先权。如果鉴定发现，这些申请发出的日期相同，则可以按照负责育种成就的联邦机构所掌握的较早登记的申请颁发专利，申请人之间的协议另有约定的除外。

如果在向负责育种成就的联邦机构提交专利颁发申请之前，申请人还向与俄罗斯签订了育种成就保护协议的外国国家提交了申请，则申请人在其提交申请之日起12个月内享有第一份申请的优先权。在提交给负责育种成就的联邦机构的申请中，申请人应当指出第一次申请的优先权日。在向负责育种成就的联邦机构提交申请之日起 6 个月内，申请人有义务提交经有相应权限的外国国家机构证明的第一份申请的复制件，以及其俄文译本。在符合这些条件时，申请人有权在第一次申请提交之日起 3 年内不再提交补充文件和为试验所必需的材料。

在专利申请的初步审查过程中，查明优先权日，审查申请文件是否填写规定的信息，以及文件形式是否符合要求。专利颁发申请的初步审查在 1 个月内进行。在进行初步审查期间，申请人有权进行主动补正、明确或者修正申请文件。负责育种成就的联邦机构可以要求申请人必须在规定的期限内提交缺少的或者更准确的文件。如果在申请提交日没有在规定期限内提交缺少的文件，则主管单位对该申请不予审查，并通知申请人。负责育种成就的联邦机构在初步审查实施后，对于初步审查的肯定结果和专利颁发申请的提交日期立即通知申请人。所接受的申请信息在联邦知识产权管理机构的官方公报上公布。如果申请人对负责育种成就的联邦机构审查结果有疑义，其可以自收到该决定之日起 3 个月内向法院提起诉讼。

对已经向负责育种成就的联邦机构提交了申请的育种成就，自申请提交之日起到向申请人颁发育种成就专利之日前以临时法律保护。在收到育种成就专利之后，专利持有人有权向育种成就临时法律保护期间未经申请人批准而实施侵犯育种成就权行为的人取得金钱补偿。补偿的数额由双方协商确定；有争议时，由法院确定。在育种成就临时法律保护期间，仅允许申请人出于科学目的而出售和以其他方式的转让种子、繁殖材料，以及出售、定做和转让涉及转让育种成就专利取得权的或者为储备而生产的种子、繁殖材料。如果专利颁发申请没有被审查，或者如果按照申请作出了拒绝颁发专利的决定且对该决定提出民法典规定的异议的可能性已经穷尽，以及申请人违反要求，则育种成就临时法律保护视为从未发生。

育种成就新颖性审查：任何利害关系人在专利颁发申请信息公布之日起 6 个月内都可以向负责育种成就的联邦机构提出对所申请的育种成就的新颖性进行审查的请求。负责育种成就的联邦机构将提交的该类请求通知申请人并陈述申请的实质。申请人有权自收到通知之日起 3 个月内向负责育种成就的联邦机构提出针对请求说明理由的异议。负责育种成就的联邦机构根据现有材料作出决定并通知利害关系人。如果育种成就不符合新颖性标准，就作出拒绝颁发育种成就专利的决定。

育种成就特异性、一致性、稳定性试验，按照负责农业领域中规范性法律调整的联邦机构规定的方法和期限进行。申请人必须按照负责育种成就的联邦机构规定的地点和期限，为试验提供必要数量的种子、繁殖材料。

如果查明如下情况，育种成就专利在其有效期间内可以被确认为无效：

（1）专利颁发所依据的申请人提交的育种成就一致性和稳定性资料是未经证实的；

（2）育种成就专利颁发之日不符合新颖性或者特异性标准；

（3）在专利中被作为专利持有人的人没有合法取得专利的依据。

任何人都可以通过向负责育种成就权审查的联邦机构提交申请的方式，对颁发育种成就专利的行为提起异议。负责育种成就的联邦机构将上述申请的副本发送给专利持有人，专利持有人在收到该副本之日起3个月内可以提出说明理由的异议。如果不需要进行补充试验，负责育种成就的联邦机构应当自上述申请提交之日起6个月内对上述申请作出决定。被确认为无效的育种成就专利，从专利颁发申请提交之日起废除。此时，在专利无效决定作出之前已经签订的许可使用合同，在该日之前已经履行的范围内保持自身的效力。

专有权期满后，育种成果应进入公有领域。进入公有领域的育种成果，不经任何人同意或允许，可以免费使用，无须支付使用费。

育种成就专利的效力在以下情况下提前终止：

（1）育种成就不再符合一致性和稳定性标准；

（2）专利持有人没有按照负责育种成就的联邦机构的要求在12个月内提供种子、育种材料，没有提交为进行育种成就维持审查所必要的文件和信息，或者没有提供出于此类目的对育种成就进行实地检查的机会；

（3）专利持有人向负责育种成就的联邦机构提出提前终止专利效力的

申请；

（4）专利持有人没有在规定的期间内缴纳专利效力维持费用。

负责育种成就的联邦机构出版官方公报，其中公布以下信息：

（1）已经提交的专利颁发申请并指明育种成就优先权日、申请人的姓名或者名称、育种成就名称，以及育种成就的作者的名字（要求不公布的除外）；

（2）依照专利颁发申请作出的决定；

（3）育种成就名称变更；

（4）确认育种成就专利无效；

（5）涉及育种成就保护的其他信息。

7.1.4　中俄植物新品种制度主要差异

俄罗斯在植物新品种方面的保护，规定为育种成就权，由俄罗斯国家育种成果试验和保护委员会审查、授予育种成就权。权利有效期相对较长，育种成果自注册之日起 30 年，观赏植物、果树等为 35 年；而中国植物新品种制度规定的保护期均在 20 年以下。由于植物品种的培育周期较长，因此获得一个相对较长的保护期是对培育者较为合理的保障和鼓励。

7.2　集成电路布图设计权

7.2.1　集成电路布图设计定义

集成电路布图设计，是指固定于物质载体的集成电路元件与其互联线路的空间几何分布。此集成电路是指为执行电子功能而制造的中间产品或最终产品，其元件和互联线路不可分割地布局于该制品的范围内或者表面。

民法典所提供的法律保护，仅适用于由作者的创造性劳动而创造的且在其创造之日为作者和（或）在所研制的集成电路布图设计领域中的专家所不知道的原创性集成电路布图设计。集成电路布图设计，如果没有相反证据，即视为具有原创性。在其创造之日在所研制的集成电路布图设计领域中的专家所共知的元件构成的集成电路布图设计，如果这些元件的总和在整体上符合原创性要求，则赋予其法律保护。不适用于可能在集成电路布图设计中体现的思想、方法、体系、工艺或者代码信息。

符合民法典规定的赋予法律保护条件的集成电路布图设计的作者享有：

（1）专有权；

（2）作者身份权；

（3）在民法典规定情况下的其他的权利，包括职务布图设计使用报酬权等。

权利持有人在集成电路布图设计专有权有效期内，可以按照自己的意愿将布图设计在负责知识产权事务的联邦机构进行登记。包含构成国家秘密信息的布图设计不得进行国家登记。提出布图设计国家登记证书颁发申请的人（申请人），对泄露依照俄罗斯联邦立法构成国家秘密的布图设计信息承担责任。如果在布图设计国家登记证书颁发申请（登记申请）提交之前，已经开始使用布图设计，则申请可以在首次使用布图设计之日起两年期限内提交。

7.2.2 集成电路布图设计权的登记程序

登记申请应当针对一个布图设计提交如下材料：

（1）布图设计国家登记申请，并指明其代理人、联系地址（要求不公开的除外），如果已经开始使用，还需要提供首次使用布图设计的日期；

（2）所交存的证明布图设计同一性的材料，包括摘要；

（3）证明已经缴纳规定数额的费用或者据以免除支付费用或者降低费用数额或者延期支付的文件。

布图设计国家登记程序、国家登记证书格式、证书应指明的信息清单，以及负责知识产权事务的联邦机构在官方公报上公布的信息清单，由负责知识产权领域中规范性法律调整的联邦机构规定。

7.2.3 集成电路布图设计权的处分

转让和抵押已经登记的布图设计专有权的合同、提供已经登记的布图设计使用权的许可使用合同，以及不依照合同将该布图设计专有权向他人转让，应当在负责知识产权事务的联邦机构进行国家登记。更改权利持有人和布图设计专有权及对应的信息，依据已经登记的合同或者其他有效文件，载入集成电路布图设计统一登记簿并在上述官方公报上公布。

作者地位权，即布图设计作者的权利，不可剥夺且不得转让，包括向他人移转或者向他人移让布图设计专有权、向他人提供布图设计使用权的情形，此权利不能放弃。

权利持有人可以处分布图设计专有权，以营利为目的的行为，特别是以下行为被确认为布图设计的使用：

（1）通过将之纳入集成电路，或者以其他方式整体或部分复制布图设计，只复制不属于原始布图设计的一部分的情形除外；

（2）向俄罗斯联邦境内进口、出售，或者其他将布图设计包含该布图设计的集成电路、集成电路的制品进入市场流通的行为。独立地创作了另一个相同布图设计的人享有独立的对该布图设计的专有权。集成电路布图设计保护标志可以是标出的大写字母"T"（"T"，[T]，(T)，T＊或者T）。

以下权利不作为侵犯布图设计专有权：

（1）实施此类行为的人不知道也不应当知道集成电路中包含了非法复制的布图设计的，对其中包含非法复制的布图设计的集成电路，以及对任何包含该集成电路的制品实施民法典规定的侵权行为。在得到非法复制布图设计的通知后，该人可以使用现存的包含非法复制的布图设计的集成电路制品和在该日期之前已经订购的该类制品。在此情况下，该人有义务为使用布图设计而向权利持有人支付与在可比情况下为类似布图设计支付的报酬作为相应的补偿；

（2）出于非营利性的个人目的，以及出于评价、分析、研究或者学习目的而使用布图设计；

（3）传播由对布图设计拥有专有权的人或者其他经权利持有人批准的人将之引入市场流通的布图设计的集成电路。

布图设计专有权在10年内有效。布图设计专有权的效力期限，从布图设计首次使用之日开始计算，该日期视为最早的书面确定将该布图设计或者包含了该布图设计的集成电路、集成电路制品在俄罗斯联邦或者任何外国进行市场流通的日期，或者从布图设计在负责知识产权事务的联邦机构进行登记的日期开始起算。以上两种情况以在先发生的为准。出现其他作者独立创作的相同原创布图设计时，这两个布图设计的专有权在第一个布图设计专有权产生之日起10年届满时均终止。专有权效力期限届满后布图设计成为社会财富，即任何人都可以自由地使用，无须任何人同意或者批准也无须支付报酬而使用。

布图设计专有权转让合同和许可使用合同必须在俄罗斯联邦负责管理集成电路布图设计的联邦机构进行登记。布图设计专有权转让合同和许可使用合同应当以书面形式签订。

7.2.4 集成电路布图设计权的归属

以其创造性劳动创造了该布图设计的公民，为集成电路布图设计的作者。在集成电路布图设计国家登记证书颁发申请中被指明为作者的人，在没有相反证据时，即视为该布图设计的作者。以其共同创造性劳动创造了集成电路布图设计的公民们是共同作者，每一个共同作者都有权按照自己的意愿使用布图设计，他们之间的协议另有约定的除外。布图设计国家登记证书取得权的处分由共同作者共同行使。

在履行没有直接规定创作布图设计的承揽合同或者完成科学研究、试验设计、技术工作合同时创作的布图设计，其专有权属于承揽人（履行人），他与定作人之间的合同另有约定的除外。在此情况下，如果合同没有不同约定，则定作人有权在整个专有权效力期限内，在简单（非排他性）使用许可条件下为所签订的相应合同所欲达到的目的无须额外支付报酬而使用所创作的布图设计。在承揽人（履行人）将布图设计专有权转让给他人时，定作人保留在上述条件下对布图设计的使用权。当依照承揽人（履行人）与定作人之间的合同将布图设计专有权移转给定作人或者其指定的第三人时，承揽人（履行人）有权在整个布图设计专有权效力期限内，为了自己的需要在无偿简单（非排他性）使用许可条件下使用所创作的布图设计，合同另有约定的除外。

在依照以创作布图设计为合同标的物的合同创作布图设计的情况下，该布图设计的专有权属于定作人，承揽人（履行人）和定作人之间的合同另有约定的除外。布图设计专有权属于承揽人或者其所指定的第三人时，如果合同没有不同约定，则定作人有权在整个专有权效力期限内为自己的需要在无偿简单（非排他性）使用许可条件下使用该布图设计。依照承揽人（履行人）与定作人之间的合同，布图设计专有权属于承揽人（履行人）时，定作人有权在整个专有权效力期限内为了自己的需要在无偿简单（非排他性）许可使用条件下使用布图设计。如果权利持有人不是定作创作布图设计的作者，则需要根据规定向作者支付报酬。

雇员由于完成自己的劳动义务或者雇主指派的具体任务而创作的布图设计，为职务布图设计。职务布图设计作者身份权属于雇员，职务布图设计专有权属于雇主，雇主和雇员之间的合同另有规定的除外。如果布图设计专有权属于雇主或者由其移转给了第三人，雇员有权从雇主处取得报酬。报酬的数额、支付条件和方式由雇员和雇主之间的合同规定，发生争议时由法院裁决。雇员使用雇主的金钱、技术或者其他物质设备但并不是由于完成自己的劳动义务或者雇主指派的具体任务而创作的布图设计，不是职务布图设计，该布图设计的专有权属于雇员。在此情况下，雇主有权选择要求为了自己的需要而在整个布图设计专有权效力期限内提供对所创作的布图设计的无偿简单（非排他性）使用许可，或者要求赔偿创作该布图设计的花费。

7.2.5　中俄集成电路布图设计制度主要差异

中国的《集成电路布图设计保护条例实施细则》中规定，布图设计在申请日之前没有投入商业利用的，该布图设计登记申请可以有保密信息，其比例最多不得超过该集成电路布图设计总面积的50%。而俄罗斯方面则规定登记之后必须全部公开，体现了以公开换保护的立法精神。

另外，中国的《集成电路布图设计保护条例实施细则》第二十三条规定，以下两种行为不视为侵权：

（1）为个人目的或者单纯为评价、分析、研究、教学等目的而复制受保护的布图设计的；

（2）在依据前项评价、分析受保护的布图设计的基础上，创作出具有独创性的布图设计的。

而俄罗斯民法典中，仅仅承认非经营目的的研究、分析不视为侵权行为，并未确认通过研究在先设计反向工程得出的成果具有合法地位。

在强制许可方面，俄罗斯需要向法院申请，而中国则由知识产权行政机构负责管理。在许可费用方面，俄罗斯规定标准不能低于可类比的许可费标准，而中国则允许双方协商。在强制许可方面，中国的制度具有灵活的操作空间，便于促进相关工作的顺利开展。

7.3　技术秘密权

技术秘密权在俄罗斯民法典中规定的内容并不多，其概念在俄罗斯出现的时间不长，这种情况决定了技术秘密保护方面的特殊性及在转让形式立法方面的不确定性。俄罗斯民法典中对技术秘密缺少严格说明，也缺少必要的和其他排他权的区分。

7.3.1 技术秘密权定义

技术秘密权是任何性质的包括科学技术领域中的（生产的、技术的、经济的、组织的和其他的）智力活动成果信息，以及关于从事职业活动的信息，它们是由于不为第三人所知而具有现实的或者潜在的商业价值的信息，而且第三人没有合法自由了解的依据，这些信息的拥有者对该信息采取了技术秘密制度加以保护。

以任何不违背法律的方式，包括在制造产品或者实施经济和技术解决方案时，使用技术秘密的专有权（技术秘密专有权）属于技术秘密的持有人。技术秘密的持有人可以处分上述专有权。出于善意的目的并且独立于技术秘密的其他持有人而成为受保护的技术秘密内容信息持有人的人，取得独立的对该技术秘密的专有权。

技术秘密专有权在构成其内容信息的秘密性保持之前都有效。从相应的信息秘密性丧失之日起，所有的权利持有人的技术秘密专有权均终止。

7.3.2 技术秘密权的处分

按照技术秘密专有权转让合同，一方——权利持有人全部移转或者有义务全部移转属于其的技术秘密专有权给他方——该技术秘密专有权取得人。在技术秘密专有权转让的情况下，处分自己权利的人有义务在技术秘密专有权效力终止之前保持技术的秘密性。

按照许可使用合同，一方——技术秘密专有权持有人（许可使用人）在合同规定范围内向他方提供或者有义务提供相应的技术秘密使用权。许可使用合同既可以指明其效力期限，也可以不指明其效力期限。没有在该合同中指明许可使用合同的效力期限时，任何一方都有权在任何时候以不迟于 6 个月以前就此通知他方为条件放弃该合同，合同规定了更长期限的除外。在提供技术秘密使用权的情况下，处分自己权利的人有义务在整个许可使用合同有效期内保守技术的秘密性。依据许可使用合同取得相应权利的人，有义务在技术秘密专有权效力终止前保守技术的秘密性。

7.3.3　技术秘密权的归属

雇员在履行自己的劳动义务或者雇主指派的具体任务时产生的技术秘密（职务技术秘密）的专有权属于雇主。由于履行自己的劳动义务或者雇主指派的具体任务而知悉技术秘密的公民，有义务在技术秘密专有权效力终止之前保守所取得的信息的秘密性。

履行承揽合同、完成科学研究、试验、设计或者技术工作的合同以及按照为国家需要或者自治市需要的国家或者自治市契约而取得技术秘密的，该技术秘密的专有权属于承揽人（履行人），相应的合同（国家或者自治市契约）另有规定的除外。在完成预算资金的主要支配人或者支配人与联邦国家机构所签订的合同的工作时取得了技术秘密，该技术秘密的专有权属于承揽人（履行人），合同规定该权利属于俄罗斯联邦的除外。

侵害技术秘密专有权的人，包括非法取得构成技术秘密的信息并泄露或者使用该信息的人，以及根据民法典规定的有保守技术秘密义务的人，如果法律或者与该人签订的合同没有规定其他责任，有义务赔偿由于侵害技术秘密专有权而造成的损失。使用技术秘密且不知道也不应当知道其使用为非法，包括偶然地或者错误地取得技术秘密的人，不依照上述规定承担责任。

7.3.4　中俄技术秘密制度主要差异

在 2006 年 12 月《俄罗斯民法典》第四部分通过之后，技术秘密才被确认为知识产权的保护对象。技术秘密成为民法典第七编"智力活动成果和与之等同的区别经营者手段权"的独立一章，技术秘密和商业秘密开始成为两个不同的概念。技术秘密权在《俄罗斯民法典》中规定的内容并不多，其概念在俄罗斯出现的时间不长，这种情况决定了技术秘密保护方面的特殊性及在转让形式立法方面的不确定性。俄罗斯民法典中对技术秘密缺少严格的说明，也缺少必要的和其他排他权的区分。

而我国自 1981 年伊始，对于技术秘密的保护逐渐加强，到 2017 年《民法总则》正式确立了商业秘密的知识产权属性，形成了以《反不正当竞争法》为核心，以《民法总则》《合同法》《民诉法》《劳动法》及相关司法解释等为辅助的完整技术秘密民事法律。我国在立法时把技术秘密统一定义为符合秘密性、价值性、保密性的技术信息，归类于商业秘密的一种；在立法对商业秘密的客体进行界定和区分时，直接表述为技术秘密和经营秘密两大类，实际上是大陆法系和海洋法系对于技术秘密保护方式的结合。

第八章 赴俄企业知识产权风险防范

8.1 俄罗斯境内知识产权纠纷概况

8.1.1 俄罗斯境内专利侵权诉讼概况

整体来看，俄罗斯境内涉及机电领域的专利侵权诉讼案件数量从2012年之后开始增加，其结案率维持在较高水平，相关侵权行为能够通过司法途径快速获得救济（见图8-1）。诉讼案件（见图8-2）最活跃的当事人中有8家来自俄罗斯本土，另外两家则是来自美国和瑞士的医药巨头。

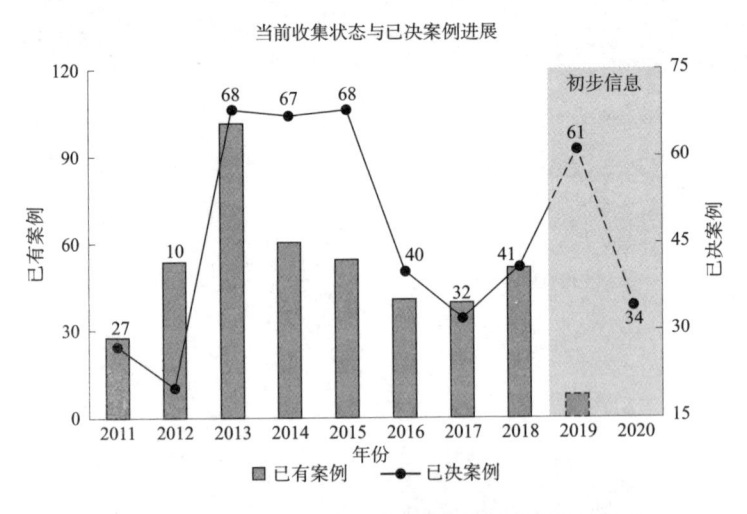

图8-1 俄罗斯机电领域专利侵权案件总量与结案率

最活跃当事人(基于全部案例)

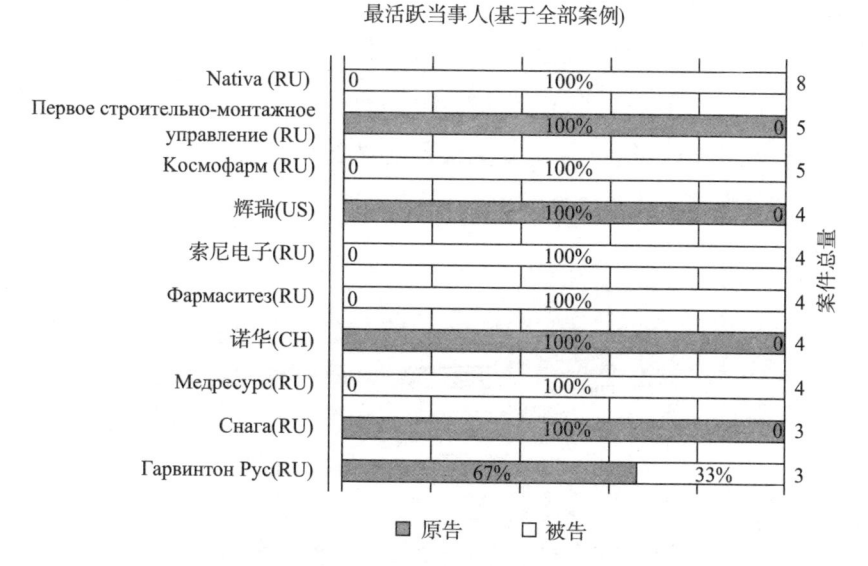

当事人	原告	被告	案件总量
Nativa (RU)	0	100%	8
Первое строительно-монтажное управление (RU)	100%	0	5
Космофарм (RU)	0	100%	4
辉瑞(US)	100%	0	4
索尼电子(RU)	0	100%	4
Фармаситез(RU)	0	100%	4
诺华(CH)	100%	0	4
Медресурс(RU)	0	100%	3
Снага(RU)	100%	0	3
Гарвинтон Рус(RU)	67%	33%	3

图 8-2 俄罗斯机电领域专利侵权案件当事人活跃情况

8.1.2 俄罗斯境内商标侵权诉讼概况

在机电领域，商标侵权案件相比于专利侵权案件数量较多（见图 8-

当前收集状态与已决案例进展

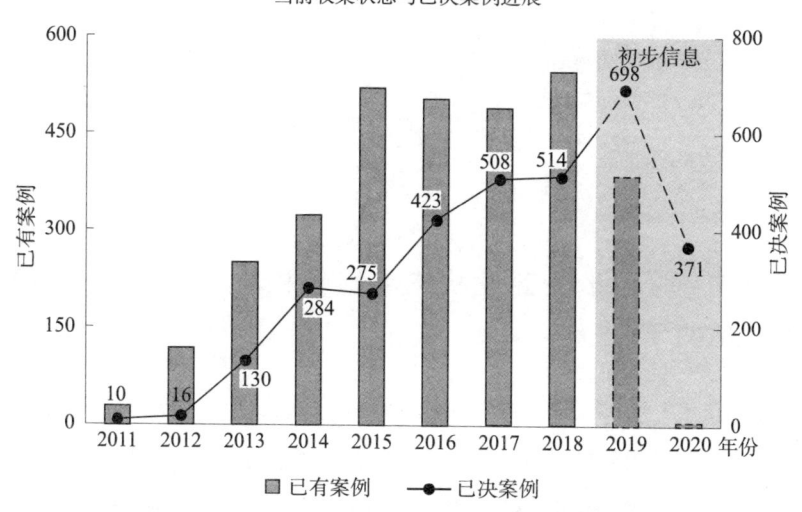

年份	已有案例	已决案例
2011	—	10
2012	130	16
2013	250	130
2014	325	284
2015	520	275
2016	500	423
2017	480	508
2018	535	514
2019	390(初步信息)	698
2020	—	371

图 8-3 俄罗斯机电领域商标侵权案件总量与结案率

3)，与专利纠纷情况相似的是商标侵权案件同样于 2012 年之后开始快速增加，近年来仍然保持增长势头，其结案率维持在较高水平，相关侵权行为能够通过司法途径快速获得救济。

最活跃的涉讼当事人中有 6 家来自俄罗斯本土，另外 4 家则是来自美国、英国和德国的企业（见图 8-4）。

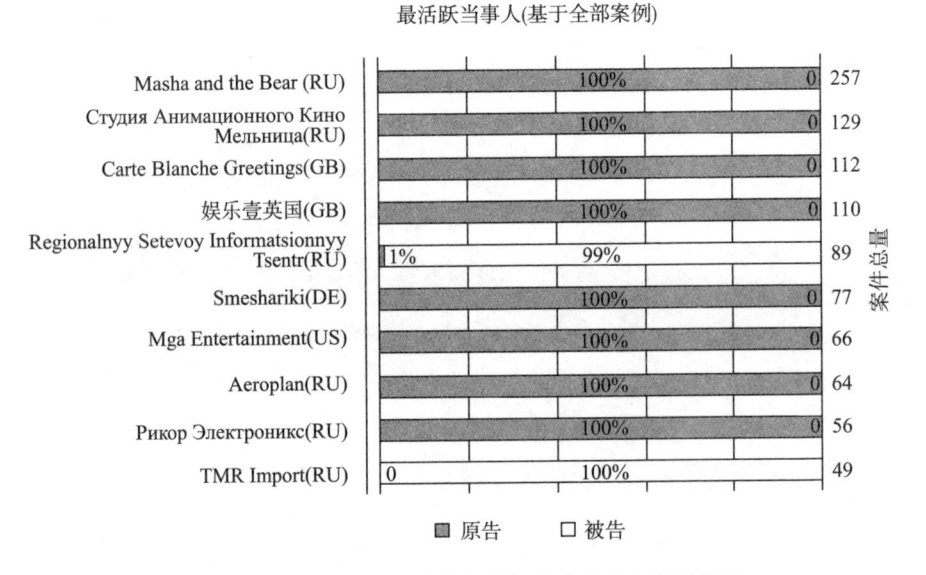

最活跃当事人(基于全部案例)

当事人	原告	被告	案件总量
Masha and the Bear (RU)	100%	0	257
Студия Анимационного Кино Мельница(RU)	100%	0	129
Carte Blanche Greetings(GB)	100%	0	112
娱乐壹英国(GB)	100%	0	110
Regionalnyy Setevoy Informatsionnyy Tsentr(RU)	1%	99%	89
Smeshariki(DE)	100%	0	77
Mga Entertainment(US)	100%	0	66
Aeroplan(RU)	100%	0	64
Рикор Электроникс(RU)	100%	0	56
TMR Import(RU)	0	100%	49

图 8-4　俄罗斯机电领域商标侵权案件当事人活跃情况

8.2　专利侵权纠纷案件介绍

8.2.1　驱动齿轮变速机构专利侵权案（案件编号 A43-27778/2010）

2012 年 12 月 19 日，Kora Engineering 公司作为独占许可的被许可人，向夏诺夫哥罗德州仲裁法院提起侵权诉讼，主张被告 Symbol 公司未经许可使用、销售、制造 RU56530"开关机构的电缆传动转换器"、RU57406"开关结构的电缆传动转换器"、RU53983"用于控制远程驱动器"、

RU2326773 "机械式换挡装置"等多件其公司相关产品。

夏诺夫哥罗德州仲裁法院对此进行了审理，确认被告侵犯实用新型专有权的行为，涉及产品包括型号 RU56530（专利发布日为 2006 年 10 月 15 日，最早优先权日/申请日为 2005 年 12 月 15 日）、RU57406（专利发布日为 2006 年 10 月 10 日，最早优先权日/申请日为 2005 年 12 月 16 日）、RU53983（专利发布日为 2006 年 6 月 10 日，最早优先权日/申请日为 2006 年 1 月 31 日）、RU2326773（专利发布日为 2008 年 6 月 20 日，最早优先权日/申请日为 2006 年 8 月 9 日）等，侵犯了 Kora Engineering 公司作为被许可人的权利。

一审判决：

确认 Symbol 公司在俄罗斯联邦领土上进口、制造、使用、许诺出售、出售"电缆传动转换器"等产品（物品）的行为侵犯了 Kora Engineering 公司作为专利被许可人的权利，要求 Symbol 公司停止生产、使用包括 ZF5S600 遥控钢索驱动和 TDK – 1703130 转换器、TDK – 1703131、TDK – 1703158 支架向导，连同 TDK – 01 – 1703081 手柄系列产品。Symbol 公司向 Kora Engineering 公司赔偿 12000 卢布损失及 40000 卢布法律鉴定费，驳回原告其余赔偿要求。

二审判决：

2013 年 4 月 11 日，被告上诉至弗拉基米尔第一仲裁法院。根据夏诺夫哥罗德州仲裁法院 2012 年 12 月 19 日的决定，编号 A43 – 27778/2010 案件中有争议的部分维持原判，Symbol 公司的上诉被驳回。该决定自通过之日起生效，自通过之日起两个月内可上诉至伏尔加 – 维亚特卡区的联邦仲裁法院。

2013 年 7 月 3 日，被告 Symbol 公司向伏尔加 – 维亚特卡区的联邦仲裁法院提起上诉。

再审判决：

最高上诉法院仲裁庭裁定夏诺夫哥罗德州仲裁法院于 2012 年 12 月 9 日作出的裁决以及弗拉基米尔第一仲裁法院于 2013 年 4 月 11 日对第 A43 – 27778/2010 号案件的裁定维持原判，驳回了 Symbol 有限责任公司的撤销原判申诉，最高上诉法院仲裁庭的裁决自其通过之日起生效。

8.2.2 地板加热装置专利侵权案（案件编号 A82-9854/2017）

雅罗斯拉夫尔州仲裁法院审理了原告 Deuenertek Group 公司（INN2465089943，OGRN1152468000673）与共同被告 RTS 公司（INN7603065360，OGRN1167627083854）、LuxStroy 公司（INN6315660570，OGRN1146315006067）的专利侵权纠纷，原告主张两名被告侵犯其实用新型 RU169214 专利权，应当立刻停止侵权行为，并且索赔 3700000 卢布。

一审判决：

确认 RTS 公司、LuxStroy 公司在俄罗斯联邦领土上进口、制造、使用、许诺出售、出售的 Teplotrub 品牌发热器等产品（物品）的行为侵犯了 Deuenertek Group 公司实用新型 RU169214 的专利权，责令 RTS 公司、LuxStroy 公司停止非法制造和销售（许诺销售）与实用新型专利 RU169214 相关的 Teplotrub 品牌发热器。收回并自费销毁与实用新型专利 RU169214 相关的带有超压阀的 Teplotrub 品牌发热器。

RTS 公司向原告支付侵犯实用新型专利 RU169214 赔偿款项 700000 卢布、26100 卢布诉讼费用、8179.19 卢布取证费以及 8600 卢布检验费用。LuxStroy 公司向原告支付侵犯实用新型专利 RU169214 的赔偿款项 200000 卢布、19000 卢布诉讼费用和 6997 卢布的取证费用。

二审判决：

第二上诉法院于 2019 年 5 月 17 日作出判决，维持雅罗斯拉夫尔州仲裁法院于 2019 年 2 月 17 日就第 A82-9854/2017 号案件作出的裁决不予更改，该决定自通过之日起生效，被告不服决定可以在两个月内向知识产权法院提起上诉。

再审判决：

确认侵权事实，被告侵犯了实用新型 RU169214 专利权，确认 RTS 公司有义务销毁用于生产 Teplotrub 品牌发热器的设备，但驳回原告其他赔偿请求。在此判决中，撤销了 2019 年 2 月 17 日雅罗斯拉夫尔州仲裁法院在

A82－9854/2017 号案件中对该部分的索赔。

从联邦预算费用中退回 Deuenertek Group 公司在初审时向法院支付的国家机构费用 6000 卢布。该费用是由初审法院根据 2017 年 6 月 19 日第 416 号付款令收取的，该决议自通过之日起生效。可以按照俄罗斯联邦《仲裁程序法》第 291.1－291.15 条的规定，向俄罗斯联邦最高法院上诉。

8.2.3 通信系统和遥控机械专利侵权案（案件编号 A60－29727/2017）

斯维尔德洛夫斯克州仲裁法院审理了 NTC 设计开发公司（TIN6658475325，OGRN1156658052066）对 NPFMultiobrabotka 公司（TIN6612037801，OGRN1126612000272）提起的专利侵权诉讼案件，涉及实用新型专利 RU177005。

在庭审过程中，原告明确提出要求的内容已于 2018 年 2 月 26 日记录在案，原告要求被告 NPFMultiobrabotka 公司停止制造、出售侵犯其 RU177005 专利权的产品。原告认为被告将侵权产品进行调试后引入市场流通，并以极为复杂的解决方案进行存储、应用，例如设备通信和远程机械系统"SSTM""ES100"中的命令接收/发送模块、带有单独的继电器保护设备的"AVANTK400"。

一审判决：

原告提及其专利权被间接侵犯的可能性的理论法院不认可，因为在某些条件下（组成部件的分解状态）使用本发明时，间接侵犯产品专利的行为，不适用于判断实用新型的侵权问题，驳回原告的诉讼请求。

本案的决定自通过之日起一个月后生效，除非提起上诉。在提起上诉的情况下，该决定（如果未被撤销或保持不变）自上诉案件的仲裁法院决定下发之日起生效。

二审判决：

维持斯维尔德洛夫斯克州仲裁法院于 2018 年 10 月 26 日对 A60－29727/2017 号案件的决定。不服判决可以自裁决通过之日起两个月内，向知识产权法院提起诉讼。

再审判决：

斯维尔德洛夫斯克州仲裁法院于 2018 年 10 月 26 日就 A60 – 29727/2017 号案件作出的裁决以及第十七仲裁法院于 2019 年 3 月 25 日对该案件作出的裁决保持不变，该决定自通过之日起生效，NTC 设计开发公司不服可以在两个月内向俄罗斯联邦最高法院司法委员会提起上诉。

8.2.4 X 射线荧光分离器专利侵权案（案件编号 A56 – 14767/2016）

Gelalis 公司向圣彼得堡市和列宁格勒地区的仲裁法院提起诉讼，主张 Burevestnik 公司和 Alrosa 公司在含金刚石的材料在 X 射线发光隔离器的生产中使用的 RMDS – 4MP，LS – OD – 5，LS – OD – 6，LS – OD – 50 – 03N，LS – OD – 50 – 04，LS – OD – 50 – 04 – 01 系列产品侵犯其 RU141732 实用新型专利权。

一审判决：

驳回原告 Gelalis 公司向 Burevestnik 公司索赔 117500 卢布的请求，自行承担审查的法律费用。不服该决定，原告可以在作出决定之日起一个月内，向第十三仲裁上诉法院提出上诉。

二审判决：

维持圣彼得堡市和列宁格勒地区仲裁法院在 2019 年 7 月 20 日对 A56 – 14767/2016 案的决定，驳回上诉。可在该裁决作出之日起两个月内向知识产权法院上诉，对该裁决可向斯洛伐克共和国知识产权法院提出上诉，上诉时间不超过裁决通过之日起两个月。

再审判决：

维持圣彼得堡市和列宁格勒仲裁法院的决定、第十三仲裁法院的裁决，驳回 Gelalis 公司的上诉，该决定自通过之日起生效，不服判决可以在两个月内向俄罗斯联邦最高法院上诉。

8.2.5 铁轨电车专利侵权案（案件编号 A71－19553/2018）

乌德穆尔特共和国仲裁法院审议了关于 NPO.GSM 公司与莫斯科市国营企业 MET 公司的专利侵权纠纷，原告主张莫斯科市国营企业 MET 公司在俄罗斯联邦领土上制造、储存、出售和使用与其 RU165908 号实用新型专利相关的 UNPO 燃油和润滑油产品，以及进入俄罗斯联邦市场的其他非法行为，要求禁止 MET 公司在俄罗斯联邦生产、储存、使用该实用新型产品的行为在俄罗斯联邦境内再次实施，MET 公司有义务自费销毁在俄罗斯联邦使用的侵犯 RU165908 实用新型的产品并承担赔偿金 5000000 卢布。

一审判决：

原告 NPO.GSM 公司的部分主张得到支持。确认轨道运输 TR4M 转向架产品与涉案实用新型专利 RU165908 一致，MET 公司在俄罗斯联邦的领土上制造、储存、出售以及进入其他市场流通的行为均视为非法行为，侵犯原告专利权成立；禁止 MET 公司在俄罗斯联邦境内制造、储存、出售、销售以及在俄罗斯联邦境内的进一步市场流通；MET 公司自费销毁侵犯涉案专利权的产品，并在俄罗斯联邦的整个范围内停止继续生产。

被告向原告支付 2000000 卢布侵犯实用新型专利权的赔偿费以及 21600 卢布维权必要费用。从俄罗斯联邦预算中退还给 NPO.GSM 公司国家机构费用 3000 卢布，已转移至 2018 年 7 月 20 日的第 295 号支付令，自决定生效后签发执行令。

二审判决：

第十七仲裁法院判决乌德穆尔特共和国仲裁法院于 2019 年 2 月 15 日对第 A71－19553/2018 号案件的决定保持不变，上诉请求被驳回，如有异议，可以在决定通过之日起两个月的时间内，通过乌德穆尔特共和国仲裁法院向知识产权法院提起上诉。

再审判决：

乌德穆尔特共和国仲裁法院于 2019 年 2 月 15 日作出的决定（A71－

19553/2018 号）和第十七仲裁法院于 2019 年 5 月 28 日就同一案件作出的决定维持原判，如有异议，可以自该决定生效之日起两个月内向俄罗斯联邦最高法院上诉。

8.3　商标侵权纠纷案件介绍

8.3.1　"SibSpetsProekt" 商标侵权案（案件编号 A67 – 7557/2016）

托木斯克州联邦反垄断局作出行政决定，确认 Dion 公司和 Legion 公司违反了 2006 年 7 月 26 日颁布的第 135 – FZ 号联邦法"关于保护竞争"的第 14 条第 1 款，在将（监视、控制、保护电气装置）商品引入民事流通过程中使用了 SibSpetsProekt 公司的图形商标。

"Dion" LLC 和 "Legion" LLC 于 2016 年 9 月 19 日向托木斯克州仲裁法院申请确认托木斯克州联邦反垄断局第 06 – 10/141 – 13 号案件的决定法律适用错误，并请求撤销该决定。

一审判决：

Dion 公司和 Legion 公司向托木斯克州仲裁法院提起诉讼，要求撤销日期为 2016 年 7 月 19 日的第 06 – 10/141 – 13 号决定，一审判决原行政行为符合日期为 2006 年 7 月 26 日的第 135 – FZ 号联邦法律，驳回该请求。不服法院的裁决可以在一个月内向第七仲裁上诉法院提出上诉。

二审判决：

维持托木斯克州仲裁法院于 2017 年 4 月 26 日就此案作出裁决（A67 –

7557/2016），并向 Legion 公司收取 1500 卢布作为联邦预算，该决定自通过之日起生效，不服裁决可以向西西伯利亚地区的仲裁法院提出上诉。

再审判决：

托木斯克州仲裁法院于 2017 年 4 月 26 日的决定（A67－7557/2016）以及第七仲裁上诉法院 2017 年 8 月 7 日的裁决，在同一案件上保持不变，驳回上诉请求，从联邦预算收入中向 Legion 公司收取 1500 卢布，用于支付提出撤销原判上诉的法律费用。该裁决自通过之日起生效，并可以在两个月内向俄罗斯联邦最高法院司法委员会提起上诉。

8.3.2 "JBL" 商标侵权案（案件编号 A56－37066/2018）

圣彼得堡市和列宁格勒地区的仲裁法院在法院听证会上审议了此保护商标专有权案件。

原告哈曼国际工业公司（Harman International Industries）向仲裁法院提起了诉讼，主张根据俄罗斯联邦《仲裁程序法》第 49 条规定，EdvanPartners 公司的 Green 公司侵犯其注册商标专有权，要求禁止被告使用 JBL 商标，指出由联邦知识产权局根据#264256 和#266284 规定的形式，被告在 Internet 上（包括在网站页面上）买卖货物时，使用类似注册商标，具体证据来源包括：

ad1.ru

speaker－portable.com

promo.loudspeaker－portable.com

phone.loudspeaker－portable.com

spin.loudspeakerportable.com

一审判决：

Green 公司向哈曼国际工业公司（Harman International Industries）赔偿 100000 卢布，并支付 548 卢布 89 戈比公证服务费用和 1267 卢布国家机构费用，驳回原告的其他诉讼请求。不服决定可以在该决定生效之日起一个月内向第十三仲裁法院提出上诉。

二审判决：

对圣彼得堡市和列宁格勒地区仲裁法院于 2018 年 7 月 19 日作出的关于 A56－37066/2018 号案件的裁决维持原判，上诉请求被驳回。

再审判决：

圣彼得堡市和列宁格勒地区仲裁法院于 2018 年 7 月 19 日作出的关于 A56－37066/2018 号案件的决定、第十三仲裁法院于 2019 年 11 月 8 日作出的裁决应保持不变，本决议自通过之日起生效，哈曼国际实业有限公司不服，可以在两个月内以撤销原状的程序向俄罗斯联邦最高法院司法委员会提起上诉。

8.3.3 "DOZOR" 商标侵权案（案件编号 A56－11219/2018）

ДОЗОР

DOZOR

原告 TEK Electronics 公司向莫斯科市仲裁法院提起诉讼，主张 Sinkom－T 公司及与本案有关的 Rolf Motors 公司有关人员，侵犯编号 608463 的商标专有权，有义务停止使用与车辆防盗综合设施以及软件（用于智能手机和平板电脑的移动应用程序）相关的 "DOZOR" 和 "ДОЗОР" 商标，并有义务支付赔偿金 500000 卢布。

一审判决：

没有证据证明原告的权利受到侵犯，原告无权就此类行为要求赔偿。鉴于前述，没有理由满足原告的权利要求。遵循《俄罗斯联邦仲裁程序法》第 170 条、第 176 条，驳回原告向圣彼得堡市和列宁格勒地区仲裁法院提出的索赔请求。该决定作出之日起一个月内可上诉至第十三仲裁上诉法院。

二审判决：

圣彼得堡市和列宁格勒市仲裁法院的决定从 2018 年 9 月 21 日开始，裁决案件编号 A56 – 11219/2018 保持不变，如果不服该裁决可以在两个月内向知识产权法院上诉。

再审判决：

圣彼得堡市和列宁格勒地区仲裁法院于 2018 年 9 月 21 日就 A56 – 11219/2018 号案件作出的决定，以及第十三仲裁法院于 2019 年 1 月 29 日就同一案件作出的裁决保持不变，驳回 TEK Electronics 公司撤销原判的上诉。该裁决自通过之日起生效，如有异议，可以在两个月内向俄罗斯联邦最高法院司法委员会提起上诉。

8.3.4 "ЛОСК"商标侵权案（案件编号 A40 – 182983/2015）

ЛОСК

该案件涉及一起商标侵权纠纷，LEPKomplekt 公司根据在俄罗斯联邦获得注册的 424144 号商标权，请求禁止 NPO Izolyator 公司将"ЛОСК"商标用于需要区别经营者的商品，包括有关货物、标签、货物包装及其他引入市场流通的形式。退出流通和销毁其拥有的假冒商品及标签的代价由 NPO Izolyator 公司承担，并在 NPO Izolyator 公司官方网站 CJSC NPO Izolyator（www.izolyator.ru）以及电气合作伙伴的官方网站（http：//np – esi.ru）上注明实际的版权所有者。

一审判决：

法院支持了原告的主张，禁止 NPO Izolyator 公司将"ЛОСК"商标用于需要区别经营者的商品，包括有关货物、标签、货物包装及其他引入市场流通的形式。退出流通和销毁其拥有的假冒商品和标签的代价由 NPO

Izolyator 公司承担，并在 NPO Izolyator 公司官方网站 CJSC NPO Izolyator（www.izolyator.ru）以及电气合作伙伴的官方网站（http：//np – esi.ru）中注明实际的版权所有者。

NPO Izolyator 公司赔偿原告 200400 卢布，支付国家机构费用 25008 卢布，以及承担法院向 LEP Komplekt 公司收取的有关费用 6000 卢布，驳回原告其余赔偿请求。

二审判决：

莫斯科仲裁法院 2016 年 1 月 28 日关于 A40 – 182983/2015 号案件的决定应保持不变，并且驳回上诉。该决定自通过之日起生效，不服裁决可以在该决定生效之日起两个月内向知识产权法院提出上诉。

再审判决：

对于莫斯科市仲裁法院于 2016 年 1 月 28 日作出的 A40 – 182983/2015 号决定，2016 年 4 月 25 日，上诉法院在同一案件中取消部分满足了所述要求的案件请求，将案件其他指定部分移交给莫斯科市仲裁法院。莫斯科仲裁法院的其他裁决自 2016 年 1 月 28 日起（对于 A40 – 182983/2015 号案件）和第九仲裁法院在同一案件中于 2016 年 4 月 25 日作出的决定保持不变，该决定自通过之日起生效。

8.3.5 "iPhone" 商标侵权案（案件编号 A56 – 22940/2014）

iPhone

申请人 Pulkovskaya 海关向圣彼得堡市和列宁格勒地区的仲裁法院起诉，认为 BIK 公司侵犯了 Apple 公司的 "iPhone" 商标权，根据《俄罗斯联邦行政法》第 14.10 条第 1 款规定，应该承担行政责任。在听证会上，海关当局的代表支持了上述要求。

从案例材料中查询到，Pulkovskaya 海关管理部门于 2014 年 2 月 2 日向 BIK 公司收取货物电子声明（以下简称 EDT）。事实陈述中，产品包括"聚碳酸酯制成的保护壳，带有聚碳酸酯面，可长期使用，以保护移动设备不受损坏"。制造商：东莞市三冠实业有限公司；品牌"ZAKKA"。在 EDT 的电子信息中，商标"iPhone"信息未被写明。根据 EDT 声明的信息，进口总数量为 6000 件，电子清单中"foriPhone4/4S"的"ONN2 – C4BK – 001"型保护壳 1500 个，"foriPhone4/4S"的"ONN2 – C4WT – 001"型保护壳 1500 个，用于"iPhone5/5S"的"QNN2 – C5BK – 001"型保护壳 1500 个，型号用于"iPhone5/5S"的保护壳"ONN2 – C5WT – 001" 1500 个。

一审判决：

透明数字包装中带有可拆卸标签的移动数字电子设备的保护盖注明商标名称 ZAKKA 和信息的位置，确认产品与移动数字电子设备的兼容性以及 Apple 公司拥有的商标系列 251143、362892、339383、385439、417028、401932、364928，结论是：将透明包装应用于可拆卸标签，该标签包含用于移动数字电子设备的"保护盖"，并不侵犯商标所有者的专有权。

拒绝 Pulkovskaya 海关提出的使"BIK"有限责任公司承担行政责任的诉讼请求，根据《俄罗斯联邦行政犯罪法》第 14.10 条第 1 部分的规定，海关将没收日期为 2014 年 8 月 4 日的物品，将扣押的货物退还给"BIK"有限责任公司。

二审判决：

圣彼得堡市和列宁格勒地区仲裁法院于 2014 年 7 月 30 日就 A56 – 22940/2014 案作出的决定保持不变，Pulkovskaya 海关的上诉被驳回，可自决定生效之日起两个月内向知识产权法院上诉。

再审判决：

维持圣彼得堡市和列宁格勒地区仲裁法院于 2014 年 7 月 30 日就 A56 – 22940/2014 号案件作出的裁定以及第十三号上诉法院于 2014 年 11 月 5 日对同一案作出保留原判的裁决，Pulkovskaya 海关的撤销原判上诉被驳回，该决定自通过之日起生效。

8.4 赴俄知识产权风险防范举措

从上节内容不难看出，遭遇知识产权诉讼对于双方当事人在俄罗斯市场发展的影响无疑是长远的：胜诉方能够顺利维护合法权益，挽回经济损失，赢得行业声誉，继续扩大竞争优势；而败诉方则可能面临高额经济赔偿和产品下架禁售、声誉受损等风险。即使尚未遭受诉讼，企业在面临重大投标、技术引进、技术合作中也可能因涉及知识产权侵权隐患而遭受挫折，对业务发展以及企业形象造成重大影响。

知识产权的竞争已经成为国际市场上企业之间重要的博弈手段，随着中俄双边贸易的快速发展和持续向好，外向型企业国际业务迅速增多，知识产权风险已经成为国内企业赴俄贸易普遍面临的问题。赴俄企业的知识产权风险防范举措可以参考以下四方面：

一是全面排查俄罗斯知识产权风险，在进行市场行为之前预先做好风险警示。中国企业在走出去的过程中可以主动从危机管理的角度出发，通过对出口标的物相关的知识产权信息进行收集、整理和分析判断，对可能发生的重大纠纷及其产生的危害程度作出预报，为市场决策提供参考。据《中国知识产权报》2012年1月报道，2009年北京市海外知识产权预警项目中，国电富通公司针对火力发电厂除渣系统对印度开展知识产权海外预警工作，意大利 Magaldi 公司次年在印度起诉国电富通，后者基于预警工作梳理的侵权比对结果和抗辩理由从容应诉，最终胜诉，成功打开印度市场。外贸企业主动开展预警工作，结合发展战略中众多因素科学决策，合理地应对贸易风险，尽量避免被动卷入知识产权纠纷。若能构建预警分析长效机制，则能够更好地为我国企业开拓海外市场保驾护航，推动出口贸易健康发展。

二是综合考虑竞争格局，及时控制、清除知识产权障碍。知识产权是权利人就其智力劳动成果所依法享有的专有权利，通常是法律赋予创造者对其智力成果在一定时期内享有的专有权或独占权，从本质上来说是一种无形资产，与其他无形资产一样，都能在一定程度上用金钱或者其他货币价值去衡量。在做好风险预警的前提下，企业及早判断风险控制的成本，进而可通过寻求许可、转让等方式合法取得相关技术的实施权利，或通过商标无效、专利无效、异议（中国专利法中的公众意见）等方式清除知识产权障碍。2018年电力行业线下座谈会中，有关科研单位分享了海外知识产权风险应对经验。该单位在前往德国投标前全面排查了西门子公司专利布局，通过欧洲专利异议程序作出应对，最终赢得谈判，成功打开德国市场。

三是加强俄罗斯境内知识产权布局工作。在鼓励自主创新的同时，积极开展全面的知识产权评估，结合自身发展战略制定相应的知识产权策略，打造具有"靶向效应"的知识产权布局，精准制约竞争对手，把握竞争主动权，快速弥补海外专利布局短板，掌握一批适应国际专利战的专利组合，为可能遭遇的知识产权纠纷准备交叉许可筹码。可以通过自主创新，也可以通过收购并购、海外合作等方式提前储备。早在2005年，国内就有成功应对海外知识产权纠纷的经验。一家来自美国纳斯达克的上市公司对飞天诚信提起诉讼，双方共同竞标超千万美元的重大项目。诉讼初期，美国公司在专利储备方面全面领先，飞天诚信加大投入，强调研发与专利布局的高度融合，针对竞争对手产品开展包围式专利布局。经过3年的积累，飞天诚信专利布局成功制约对手，双方进入相持阶段。最终，这场历时近5年的专利诉讼拉锯战以和解告终。

四是在俄罗斯境内构建我国企业的知名商标体系。相比俄罗斯，中国企业在俄罗斯的产品知名度较低，原因主要在于企业核心知识产权较少。中国企业出口俄罗斯总额最大的机电产业在品牌培育方面获得了丰富经验，如通过集群品牌培育模式打造的青岛家电集群，以海尔、海信、澳柯玛等名牌大企业为核心带动了配套产业链整体发展，扩大了一系列相关产品在海外市场的影响力。除了在产品质量上下功夫外，还要加强对产品进行广告宣传与市场营销。凭借超高的性价比与广告创意，使产品与俄罗斯文化习俗、文化生态土壤相一致，申请注册产品商标，为产品赋予特定的文化内涵，增加商品的商业附加值。

第九章 俄罗斯知识产权环境总论

9.1 法律制度对比

自 2008 年俄罗斯联邦将专利、商标、著作权、商业秘密等单行法统编入民法典知识产权编中,对各个单行法中规范的共同之处统一写入一般规定。相比较而言,2021 年 1 月 1 日,我国第一部民法典正式生效,但我国的民法典尚未将知识产权单独成编,对于知识产权的规定依旧依照各单行法规定执行。

9.1.1 专利制度主要差异

《俄罗斯民法典》将专利分为发明、实用新型和工业品外观设计,仅对三种类型专利不予授权的情形进行了说明,并未对三种不同类型的专利对应的保护客体边界进行明确区分,发明在特定情况下可以转化为实用新型。而中国《专利法》第二条对于专利权保护的客体分别进行了规定,分为发明、实用新型和外观设计,并对其保护对象进行了明确区分。中国《专利法》第五条明确规定,对于违反法律、社会公德或者妨害公共利益的发明创造,不授予专利权。对于违反法律、行政法规的规定获取或者利用遗传资源,并依赖该遗传资源完成的发明创造,不授予专利权。

中俄专利制度中最大的差异集中在工业品外观设计方面。在确权方面，俄罗斯民法典中规定工业品外观设计需要经过实质审查才能获得授权，而在中国则仅需要进行初步审查。俄罗斯专利制度中工业品外观设计的保护期限为15年，并且可以延长至25年。中国专利法实施以来，外观设计的保护期限一直为10年，经过多年司法实践，中国专利法在2021年6月1日之后修改外观设计的保护期限至15年。

在保护方面，俄罗斯民法典中规定了任何单位或者个人未经专利权人许可，都不得使用发明、实用新型或者工业设计的专有权，即不得为生产经营目的制造、使用、许诺销售、销售、进口。而中国专利法中"使用"外观设计并不属于侵权行为。因此从两方面来看，均可以认为中俄专利制度关于工业品外观设计的规定是差距较大的，俄罗斯专利制度对于工业品外观设计保护较为完善。

专利制度中发明人的署名权属于人身权利，与中国不同的是，俄罗斯专利法中创造人（发明人）不能放弃署名权利，而中国专利制度中则没有禁止发明人放弃署名权的规定。俄罗斯民法典中的这一规定更严格地贯彻了专利制度的立法意图，充分体现了对于智力成果作出创造性贡献者的尊重和保护；而中国专利法对于这部分的规定相对灵活，更有利于创新主体在市场竞争中的专利运用，加快推进成果转化和专利运营步伐。可以认为，中国和俄罗斯的专利制度均能体现相关规定的程序意义，在不同的国家环境中均起到了正面、积极的作用。

9.1.2 著作权制度主要差异

俄罗斯是典型的采用"作者权利主义"进行著作权立法的国家，大陆法系国家基本采用此种立法模式。"作者"与"权利人"具有不同意义，在《俄罗斯民法典》中，与"作者"这一术语并列的更广泛使用的概念是"权利人"。在《俄罗斯民法典》中，权利人的含义没有展开，并且"权利人"这一用语被使用时，在不同情况下表达了不同的意义。其事实上所指的不仅是作者本人，而且还包括他们的继承人，这一观点与著作权领域的国际公约基本一致。例如，《保护文学和艺术作品伯尔尼公约》中规定作品的保护应该实现"作者和他的继承人的利益"。"作者权利主义"是指以作者权利的确认和保护为立法初始的考察核心，更倾向于把创作和权利持有分离开来，是以公平保护作品的作者、出版者和其他使用者的权利为价值判断的一种立法观念。

我国《著作权法》吸收了不少英美法系版权法中的规则与观念，如《著作权法》中规定了"法人作品"，在特定条件下视法人或其他组织为"作者"，这条规定借鉴自《美国版权法》。再如，我国《著作权法》规定电影作品的著作权归制片人所有，同样也来自英美法系版权法的规定。有学者认为将法人视为作者，可能产生部分歧义，但也存在部分优势。将版权看成所谓的"天赋人权"或"自然权利"，将它视作鼓励、刺激创作作品的公共政策的产物。与此相适应，版权的侧重点在于保护作者的经济权利，更有利于作品可以像其他有形财产那样自由转让。

9.1.3　商标制度主要差异

中国和俄罗斯同属大陆法系，俄罗斯商标注册流程与中国商标注册流程最大的不同，是俄罗斯实施"先注册后公告"的制度，即采取异议后置。如果他人拟对商标申请异议，只能在商标获准注册后提交。异议是商标注册中非常重要的一个程序，通过异议程序，一方面，在先权利人可以陈述自己反对被异议商标获准注册的事实与理由，阻止存在侵权的商标被核准注册，最大限度地维护自己的权益。另一方面，被异议人可以通过答辩，保障自身合法权益。

中国企业往往使用汉字商标，甚至在国际市场也是如此。俄罗斯商标法规定，任何文字均可以作为商标申请注册。在对文字商标审查时，适用图形审查规则，即这些文字被当作图形进行审查，所以准确度有限，因此导致保护力度有限。

申请注册的商标因有在先近似商标而被驳回的情况下，如果能取得在先商标所有人的同意书，就可以避免被驳回，上述规定是俄罗斯商标制度的一大特色。因此，在俄罗斯遇到在先近似而导致的驳回时，除了通过争辩不近似、对引证商标撤销、异议方式复审之外，申请人还可以考虑用提交同意书的方式复审。这种制度倾向进一步明确了商标的市场化特性。

9.1.4　植物新品种制度主要差异

俄罗斯在植物新品种方面的保护规定为育种成就权，由俄罗斯国家育种成果测试和保护委员会审查，然后授予育种成就权。权利有效期相对较长，育种成果自注册之日起 30 年，观赏植物、果树等为 35 年；中国植物新品种制度规定的保护期均在 20 年以下。植物新品种由于植物品种的培育周期较长，因而获得一个相应较长的保护期是对培育者较为合理的保障和鼓励。

此外，《俄罗斯民法典》规定了在实施因履行职务或者合同工作而完成提取、发现的育种成就权时，职务育种人应获得不低于 20% 的收益，在国家层面上确保了育种成就人的权利，从而大大增加育种者的积极性，保证植物新品种权利的完整实现。

9.1.5　集成电路布图设计制度主要差异

中国的《集成电路布图设计保护条例实施细则》中规定，布图设计在申请日之前没有投入商业利用的，该布图设计登记申请可以有保密信息，其比例最多不得超过该集成电路布图设计总面积的 50%。俄罗斯方面则规定登记之后必须全部公开，均体现了公开换保护的立法精神。

另外，中国《集成电路布图设计保护条例》第二十三条规定，（1）为个人目的或者单纯为评价、分析、研究、教学等目的而复制受保护的布图设计不视为侵权；（2）在依据前项评价、分析受保护的布图设计的基础上，创作出具有独创性的布图设计的不视为侵权。《俄罗斯民法典》中仅仅承认非经营目的的研究、分析不视为侵权行为，并未确认通过研究在先设计、反向工程得出的成果具有合法地位。

在强制许可方面，俄罗斯需要向法院申请，而中国则由知识产权行政机构负责管理。许可费用方面，俄罗斯规定标准不能低于可类比的许可费标准，而中国则允许双方协商。可见在强制许可方面，我国的制度更具有灵活的操作空间，更有利于促进相关工作的顺利开展。

9.1.6 技术秘密制度主要差异

在 2006 年 12 月《俄罗斯民法典》第四部分通过之后，技术秘密才确定成为知识产权的保护对象。技术秘密成为《俄罗斯民法典》第七编"智力活动成果和与之等同的区别经营者手段权"的独立一章，技术秘密和商业秘密开始成为两个不同的概念。技术秘密权在俄罗斯民法典中规定的内容并不多，其概念在俄罗斯出现的时间不长。这种情况决定了技术秘密保护方面的特殊性及在转让形式立法方面的不确定性。《俄罗斯民法典》中对技术秘密缺少严格的说明，也缺少必要的和其他排他权的区分。

而我国自 1981 年伊始，对于技术秘密的保护逐渐加强，到 2017 年《民法总则》正式确立了商业秘密的知识产权属性，形成了以反不正当竞争法为核心，以民法总则、合同法、民诉法、劳动法及相关司法解释等为辅助的完整技术秘密民事法律。我国在立法时把技术秘密统一定义为符合秘密性、价值性、保密性的技术信息，归类于商业秘密的一种；在立法对商业秘密的客体进行界定和区分时，直接表述为技术秘密和经营秘密两大类，实际上是将大陆法系和海洋法系对于技术秘密的保护方式结合起来了。

9.2 保护趋势分析

9.2.1 中国创新主体在俄专利储备情况

目前，中国已经连续 11 年成为俄罗斯的最大贸易伙伴。在"一带一路"倡议下，中俄两国积极寻求新的思路及方法，推动两国贸易向更高的层次发展，但直到2016年，中国创新主体在俄罗斯境内的专利年申请总量仍在600件以下。虽然近三年申请量有所提升，年申请量突破1000件，但相比其他国家的创新主体在俄罗斯专利布局情况来看，我国仍然有不小差距。对标机电领域的典型企业则不难看出，例如福特汽车、通用电气、西门子及博世公司等跨国企业，在俄罗斯境内的专利布局早已成熟，无论是数量还是质量均领先中国企业。

建议体量较大的中国企业加强对出口产品的专利布局力度，竭力做到量质齐升，提升企业核心竞争力，充分发挥中俄互惠政策下中国企业的竞争优势；暂不具有市场竞争优势的中小企业，可以着重布局一定数量的外围技术相关专利，以量带动质，为中国企业保障俄罗斯市场竞争、进一步扩大生产规模、制定海外战略规划奠定坚实的基础。

9.2.2　产品出口与专利的对应情况

整体来看，国内企业在俄专利布局工作与进出口贸易情况基本保持一致，但细分领域匹配度较低。商品分类与专利布局的对应情况存在两极分化情况，机电产品中仅有通信类的专利布局与产品出口情况能够匹配。而在其他领域，专利布局并未给所有中国企业带来预期收益，医药类企业在俄市场收获有限。

通信类机电企业目前处于产品与专利协同输出的良性发展中，专利主要集中掌握在少数代表性企业手中，如小米、华为。建议传统机电、生物医药类企业加强交流学习，参考通信类企业布局策略，并结合自身行业特点选择适合开展专利布局的产业，积极交流在俄专利布局经验，遵循"产品未动，专利先行"的布局方针，最终制定出与企业自身发展相契合的专利战略。

9.2.3　短期专利布局策略

中国创新主体在俄罗斯的专利保护起步较晚，早期只有化工类的国营企业在俄罗斯境内有专利布局，2014年之后其他领域的中国创新主体才开始逐步关注俄罗斯市场。虽然目前专利申请呈增长趋势，但大多数申请仍然处于审查阶段，短期之内难以获得保护。可以期待，未来持续扩大的出口产品在俄罗斯境内将保持持续竞争优势。

根据俄罗斯知识产权管理机构审查数据统计，实用新型专利授权周期大多在三个月左右，审查时间相比发明专利时间较短。建议产品输出步伐较快的企业尽早开展专利信息调研，尤其是专利储备薄弱的企业，可以优先考虑选择实用新型专利进行保护，充分利用俄罗斯专利制度中对于这类申请的审查效率，尽早获得有效保护，缩短保护真空期，尽量避免因为专利工作的滞后失去竞争优势。

9.3　纠纷处理建议

从整体来看，俄罗斯境内的机电领域专利侵权诉讼案件，数量从2012年之后开始增加，其结案率维持在较高水平，相关专利侵权行为能够通过民事诉讼途经快速获得救济。另外，最活跃的10家当事人中有8家来自俄罗斯本土，另外两家则是来自美国和瑞士的医药巨头。

俄罗斯境内的机电领域商标侵权案件相比于专利侵权案件数量较多。与专利纠纷情况相似的是，商标侵权案数量同样于2012年之后开始快速增加，近年来仍然保持增长势头，其结案率维持在较高水平，相关商标侵权行为能够通过民事诉讼途经快速获得救济。另外，最活跃的当事人中有6家来自俄罗斯本土，另外4家则是来自美国、英国和德国的企业。

9.3.1　救济方式

只有俄罗斯专利局（RUPTO）根据国家程序或PCT申请程序授予的俄罗斯专利，以及由欧亚专利局（EAPO）授予的欧亚专利，才可以申请强制执行，仅有授权的专利能够通过诉讼方式维权。尽管已授予专利（临时）保护，但外国专利以及正在申请的专利均无法进行诉讼。专利侵权可以通过民事、行政或刑事诉讼来获得救济，但总体来看，民事诉讼仍然是俄罗斯专利侵权案件中获得救济的最有效手段。[7]

为了实现最终目的并获得最大的利益，通常可以同时利用多种救济方式。针对专利侵权行为，可以在民事诉讼过程中，申请禁制令和经济赔偿。积极赔偿最多可能达到500万卢布，部分情况赔偿为专利权许可费用的两倍（许可使用费根据市场情况计算）[7]。可以在行政执法方面申请查封和销毁假冒产品，以及时减少侵权损失。而刑事诉讼通常只有在侵权行为产生极其恶劣影响的情况下才涉及，中国企业要善于充分利用不同的维权途径来寻求救济。

9.3.2 维权策略

警告信可以作为执行维权策略的一部分。但是以警告信开始法律诉讼带来的影响具有两面性。一方面，警告信可能是一个有用的工具，可以证明侵权人知道可能的侵权行为（即恶意侵权），这有助于证明损害赔偿的合理性；但另一方面，则可能会泄露敏感信息和过早暴露维权者的意图。

初步禁令或者临时禁令也是非常重要的维权策略之一。俄罗斯的程序法承认初步禁令和临时禁令。初步禁令的动议应在提起诉讼之前提出。临时禁令的动议可以在法院诉讼的任何阶段提出，包括在诉讼程序中。如果法院批准初步禁令，则权利人最多有15天的时间（具体期限由法官确定）来提交侵权信息（主要诉讼）。如果未在上述期限内提交，则应当取消初步禁令。

当涉及知识产权案件的初步禁令时，程序法没有规定任何特殊形式的豁免，但临时禁令申请被法院审核通过的情况并不多，相对于专利纠纷而言，临时禁令在商标和版权纠纷中更为常见。法院不愿授予临时禁令的原因是，专利纠纷涉及技术问题，因此法院无法轻易地估计涉案产品与专利权的联系，而商标或版权的纠纷更容易及时作出判断。

161

9.3.3 临时保护

在申请正式公布之日至专利授权公告发布之日期间，申请人享有所公开的权利要求范围内方案的临时保护。但是，临时保护并未授予申请人阻止第三方使用涉案专利的技术方案的权利。通常，一旦授予专利权，申请人便可以通知另一方当事人，商议侵犯临时保护专利的内容以及可能支付的赔偿。他人使用涉案临时保护专利的，应在该专利授权后向专利权人支付赔偿金（除非获得专利权人许可），金额应由当事方或法院确定。如果俄罗斯专利局驳回了专利申请，则该临时保护应视为未发生。

9.3.4 海关扣押及个别规定

在俄罗斯境内，与商标和版权侵权案件不同的是，专利产品侵权情况无法在海关快速确认并记录下来，因此专利侵权产品一般不受海关控制和扣押。

权利用尽。如果产品的使用（如进口、加工、出售、许诺销售等方式）事先在其他国家和地区使用了发明的技术方案，且在专利权人的同意下或在第三方的专利权人同意下，进入俄罗斯境内投入商业化使用，则不视为专利侵权行为。

发明可以转变为实用新型。专利侵权案件中不能进行专利权转换。但是，如果在专利无效宣告过程中，应专利所有人的要求，可以进行专利转换。需要再次强调的是，专利侵权和专利无效问题是相互独立的。

参考文献

[1] 外交部. 国家情况 [EB/OL], 2020, [2020-11-08]. https://www.fmprc.gov.cn/web/gjhdq_676201/gj_676203/oz_678770/1206_679110/1206x0_679112/.

[2] 牛新民, 杨翠萍, 乔刚, 等. 俄罗斯及中亚五国知识产权环境保护研究 [M]. 北京：中国农业出版社, 2019.

[3] 商务部国际贸易经济合作研究院, 中国驻俄罗斯大使馆经济商务参赞处, 商务部对外投资和经济合作司. 对外投资合作国别（地区）指南 [EB/OL]. 2017, [2020-10-23]. http://ne.mofcom.gov.cn/article/jmxw/201712/20171202692274.shtml.

[4] 管育鹰. "一带一路"沿线国家知识产权法律制度研究：中亚、中东欧、中东篇 [M]. 北京：法律出版社, 2017.

[5] 中东欧六国专利工作指引 [M]. 北京：知识产权出版社, 2018.

[6] 严笑卫, 孟祥娟. 俄罗斯知识产权环境研究报告 [R]. 中国知识产权研究会, 2011.

[7] Medvedev S, Vasiliev S. Specifics Of Patent Litigation In Russia [R]. 2019.

[8] 智南针. 各国（地区）知识产权法律法规 [EB/OL]. 2020, [2020-11-08] https://www.worldip.cn/index.php?m=content&c=index&a=lists&catid=53&tid=62.